国家出版基金项目
NATIONAL PUBLICATION FOUNDATION

心连心 一家亲

广西民族团结知识读本（社区居民版）

XIN LIAN XIN YI JIA QIN
GUANGXI MINZU TUANJIE
ZHISHI DUBEN
SHEQUJUMIN BAN

玉时阶 主编
杨 军
黄 艳 编著

广西民族出版社

前言

Preface

玉时阶

广西壮族自治区地处祖国南疆，自古以来就是一个多民族和谐共生的地方，其中壮、汉、瑶、苗、侗、仫佬、毛南、回、京、彝、水、仡佬 12 个民族是世居民族。在漫长的历史进程中，各民族共同开发了广阔的八桂大地，共同创造了光辉灿烂的八桂文化，共同维护了祖国的统一，共同铸造了充满力量的广西精神，共同发展了坚如磐石的民族团结进步事业。

党中央、国务院充分肯定广西民族团结的工作，高度赞扬广西民族团结的氛围，广西各族人民备受鼓舞。2011 年 11 月，中国共产党广西壮族自治区第十次代表大会报告明确提出“建设民族团结进步模范区”，进一步发展我区民族团结的大好局面，开始了新阶段广西民族团结进步事业新的伟大征程。

社区是社会的基本单元，也是各民族生产生活、交流交往的重要平台。2011 年，国家民委、民政部下发了《关于加强新形势下社区民族工作的意见》（民委发〔2011〕219 号），着力加强社区民族工作，不断推动城市民族工作创新发展。

近年来，流动人口不断增加，社区民族工作显得格外重要。我们要把民族工作融入社区的工作中，注重保障少数民族权益，让少数民族的合法权益不受损害，让少数民族群众充分感受到党和国家民族政策的关怀，共享改革开放成果。要开展多种形式的民族团结交流活动，促进各民族交往交流。要推动建立相互嵌入式的社会结构和社区环境，从居住生活、工作学习、婚丧嫁娶等日常环节入手，采取团结共建、牵手结对、互帮互助等形式，引导各民族在互动中加深了解，拉紧民族情感的纽带。要着力营造民族团结进步“亮点”社区，让“亮点”社区成为建设民族团结进步模范区的标杆和旗帜。我们看到，在市场经济和现代化的进程中，社区少数民族行政管理机构和少数民族群众等都急需增加知识储备，提升工作能力，熟练掌握政策，因此对学习的需求越来越强烈。

本书主要是根据城镇社区民族工作中可能遇到的问题，以及广西各民族团结奋进、共同创建和谐广西的形势而编写的“建设民族团结进步模范区”普通读物。目的是让广大社区群众更好地了解广西各民族的优秀传统文化，了解广西各民族团结、和谐、进步的历史与现状，了解并掌握党和国家的民族理论、民族政策，了解广西实行民族区域自治的具体实践、基本经验和伟大成就，不断提高民族团结的自觉性，不断增强维护民族团结的坚定性。

由于时间仓促，水平有限，书中不足之处，敬请读者批评指正。

目录 Contents

第一章 广西壮族自治区的概况

广西位于祖国南疆，是一个多民族聚居的民族区域自治地方，也是全国少数民族人口最多的自治区。据2010年第六次全国人口普查数据，全自治区常住人口有4602.38万，共有50多个民族成分，其中世居民族有12个，即壮族、汉族、瑶族、苗族、侗族、仫佬族、毛南族、回族、京族、彝族、水族、仡佬族。这里所说的世居民族，是指世代居住在广西境内并形成村庄、街道等居民聚落的民族。壮族是全国人口最多的少数民族，根据2010年第六次全国人口普查数据，全国壮族有1692.64万人，广西的壮族常住人口有1444.84万，占全国壮族总人口的85.36%。壮族主要分布在南宁、百色、河池、崇左、柳州、来宾等地。瑶、苗、侗、仫佬、毛南等少数民族集中分布的地区大多设立了民族自治县或民族乡。

一、和谐广西的历史文化

从古至今，因各种原因，有许多外来人口不断迁入广西。他们来自不同的民族，与广西世居民族共同生活在这片土地上，最终形成了今天的多民族聚居的格局。

广西属亚热带季风气候，气候温暖，雨量丰沛，冬短夏长，光照充足，为人类繁衍生息提供了较好的自然条件。广西是远古时代人类活动的中心之一，早在80万年以前，百色盆地一带就已有人类活动。根据考古发现，广西的旧石器时代人类化石有“柳江人”“麒麟山人”“灵山人”“荔浦人”“干淹人”“都乐人”“九楞山人”“定模洞人”“白莲洞人”“甘前人”等。

“柳江人”复原头像

来宾市“麒麟山人”洞穴遗址

新石器时代，原始人群已分布到广西的各个角落。目前已发现的新石器时代遗址有桂林甑皮岩遗址，南宁豹子头贝丘遗址、横县西津贝丘遗址，玉林石井岭遗址，百色市那坡感驮岩遗址，防城港市亚菩山遗址等。新石器时代中期的南宁顶蛳山文化遗址中，出土了大批石斧、石锛、石凿、石锤、石网坠等石器，蚌刀等蚌器，骨锛等骨器和釜、罐、鼎等陶器。这些新石器时代遗址不仅具有时间上的连续性，而且层次清楚。这些古人类遗址的文化内涵与现代壮侗语民族的文化具有共同性。体质人类学研究也表明，“甑皮岩人”等新石器时代的人类体质特征继承了“柳江人”的特点并与现代壮侗语民族相近，而与其他民族有较大的差异。这说明“柳江人”“甑皮岩人”等古人类是壮侗语民族的祖先。

壮族地区出土的石斧

壮族地区出土的石锛

先秦时期，广西的主要居民被称为“西瓯”“骆越”，他们是壮侗语民族的先民。公元前 219 年，秦始皇派 50 万大军南下，开始了统一岭南的战争。公元前 214 年，秦朝设桂林、南海、象郡三郡。广西自此进入统一的多民族国家版图。

在漫长的历史进程中，广西各民族共同劳动、共同开发和建设祖国南疆，共同创造了广西光辉灿烂的历史文化。特别是近代以来，共同的历史命运使广西各族人民更加紧密地团结在一起。从太平天国运动到孙中山领导的钦州、防城起义和镇南关起义，再到中国共产党领导的百色起义、龙州起义及抗日战争、解放战争，广西壮、汉、瑶、苗、侗等民族为了共同的利益而团结战斗，民族关系在战斗中进一步巩固。

二、生态环境与物产

广西各地有许许多多以桂林山水为代表的如画美景，这就是广西秀丽的喀斯特山水景观。在这充满亚热带风情的地方，集险、峻、秀、奇于一身的自然美景遍布原野，正如韩愈所说的“江作青罗带，山如碧玉簪”。作为一个生态大省（自治区），青山秀水与蓝天白云，正是广西无与伦比的绿色财富。

桂林风光

广西有近一半的土地被森林覆盖，一年四季，八桂大地都是春意盎然、生机勃勃。广西是适合人类居住的生态家园，有世界著名的“长寿之乡”——巴马，有“中国长寿之乡”——东兴市和永福县，有获得“联合国人居奖”的城市——绿城南宁，有获得“中国人居环境奖”的城市——桂林，有空气质量优良的城市——北海。这里的城市、乡镇和山村，处处是那么安详、自然与协调，人居其中，不仅身体得到放松滋养，精神也在广阔的自然中得到陶冶升华。

广西地处祖国南疆，优越的地理条件造就了极为丰富的生物。据不完全统计，广西目前已发现维管束植物 288 科 1778 属 8354 种。自治区内森林生态系统多种多样，有典型常绿阔叶林森林生态系统和季风典型常绿阔叶林森林生态系统，有雨林森林生态系统，有砂页岩、花岗岩地域森林生态系统和碳酸盐岩地域森林生态系统，有热带海岸地域森林生态系统。广西设立了不同典型森林生态系统类型的综合性保护区，以及保护孑遗、濒危、珍稀、特有珍贵树种和珍贵野生动物的保护区，还有具有特殊防护效能的水源林保护区和红树林保护区。

广西特有的国家一级保护野生动物——白头叶猴

至2012年底，广西已建立了各种类型的自然保护区78个，总面积达145.29万公顷。这些自然保护区成为传播生态文明、培育生态道德的基地和建设“生态广西”的核心，更是保护自然资源、生物多样性，维护生态平衡，促进人与自然和谐发展的重要基础。亚热带季风气候的冷暖轮转，为广西带来四季多样而新鲜的瓜果，这里是荔枝之乡、龙眼之乡、芒果之乡、沙田柚之乡、月柿之乡、菠萝之乡……全年流溢着花的斑斓与果的芬芳。

广西的矿产资源种类繁多，资源总量也比较大，有色金属资源极为丰富，因此，广西是中国10个重点有色金属产区之一。广西的有色金属类型齐全，全自治区共发现有色金属矿产13种，其中探明储量的有铜矿、铅矿、锌矿、铝土矿、镍矿、钴矿、钨矿、锡矿、铋矿、钼矿、汞矿、锑矿等12种。有色金属矿产分布地域广、储量大，有不少有色金属矿产保有储量居全国前列。其中锡矿保有储量居全国

防城港红树林

第一位，锑矿保有储量居全国第二位，铝土矿、钨矿保有储量居全国第四位，锌矿保有储量居全国第五位。不仅如此，广西的有色金属矿产往往是多种有色金属共生矿。以南丹为代表的有色金属矿带，探明有锡矿、铜矿、铅矿、锌矿、钨矿、锑矿等 10 多个矿种，其中大型矿床有锡矿 7 处、锌矿 4 处、锑矿 1 处，还有大量的分散元素矿产和其他矿产。正是因为有色金属矿产资源丰富，储量大，广西获得了“有色金属之乡”的美誉。近年来，广西有色金属工业快速发展，已形成了由粗加工到深加工、由生产低附加值产品到生产高附加值产品的比较完整的产业链，建立了具有一定基础和相当技术水平的产业体系。

广西沿海、沿江、沿边，是华南经济圈、西南经济圈和东盟经济圈的交会区，又是全国重要的侨乡之一。这片过去老少边山穷的偏远之地在新旧世纪交替的前后 10 多年，由一个边疆偏远地区变成了前沿开放地区，由交通不便地区变成了交通枢纽重地，由一个后发展地区变成了新开发的热土，成为中国与东盟国家进行贸易往来的集散地，成为连接中国与东盟地区的海陆空运立体化的“一带一路”国际大通道，区位优势得到极大凸显。

三、广西的城市特色

中国绿城——南宁。南宁是一座美丽的城市，被形容为“半城绿树半城楼”。一年四季，南宁都掩映在绿树之中，城市的每个角落，处处都是绿色美景。棕榈树夹道，成排成行的扁桃树、波罗蜜成为绿化的街景，南亚热带自然风光与现代园林城市的风貌融为一体。2007 年，南宁市荣获全球人居领域最高荣誉——“联合国人居奖”，标志着城

美丽的南宁城市风光

市发展进入了一个新的阶段，同时展示了中国人居环境建设领域所取得的新成果，为我国乃至全球同类型城市的发展提供了成功的范例，意义重大而深远。

南宁是“天下民歌眷恋的地方”。广西人爱唱山歌，山歌成为广西人文化生活的重要组成部分。作为自治区的首府城市，南宁自然成为广西各地民歌汇聚展演的地方。始于 1999 年 11 月的南宁国际民歌艺术节，让南宁“飞”向了世界，成为天下民歌眷恋的地方。一首《大地飞歌》唱响大江南北，使南宁成为中外民歌艺术荟萃之城。

南宁是中国-东盟自由贸易区的前沿都市，是中国通向东南亚地区的重要枢纽。2004 年 11 月，首届中国-东盟博览会在南宁国际会展中心隆重举办，从此，中国-东盟博览会永久“落户”南宁。2010 年 1 月，中国-东盟自由贸易区建成，南宁以前所未有的生机活力迎接国际商贸

柳州夜景

和国际交流大时代的到来。东盟各国纷纷在南宁设立领事馆和商务办事处，南宁成为中国与东盟各国合作交流的基地，成为中国与东盟相互对接的平台。

活力龙城，风情柳州。柳州又称“龙城”，被认为是中国较美丽的工业城市之一。柳州既有悠久的历史文化，又充满时尚的气息。这里，有中国晚期智人化石——“柳江人”。这里，一代文豪柳宗元以一个文人的执着，在柳州刺史任上，招民垦荒，赎放奴隶，兴办州学，让南疆之地受到中原文明的滋养。这里，少数民族风情浓郁，处处洋溢着纯朴人民的热情。现在，山环水抱的柳州是一座充满活力的现代化城市。

柳州是历代的水路商埠与重要的交通枢纽，商贾云集，商机无限，素有“桂中商埠”之称。一代代柳州人秉承了先辈的勤劳品质，最终把柳州建设成广西最大的工业基地。柳州生产的汽车、水泥、钢铁、工程机械等产品，以及“两面针”“金嗓子”等品牌，在国内外市场上享有盛誉。柳州，这座被誉为“山水城市中工业最强，工业城市中山水最美”的城市，正以其独特的魅力在八桂大地上蓬勃发展。

天绘山水，仙境桂林。桂林是世界著名的旅游胜地和历史文化名城。典型的喀斯特地形地貌构成了别具一格的桂林山水。这里的山，平地拔起，奇峰林立；这里的水，蜿蜒曲折，明洁如镜；这里的洞，洞幽景奇，千姿百态；这里的石，千奇百怪，精美绝伦。这一切形成了山清水秀、洞奇石美的桂林山水“绝景”。

而一些散布于秀水间的象形山，更是栩栩如生，如象鼻山、骆驼山、老人山、螺蛳山、书童山、月亮山、九马画山等，无不引人入胜。这是上天对桂林的恩赐。“桂林山水甲天下，阳朔堪称甲桂林。群峰

桂林漓江晨捕

桂林城内风光秀美的杉湖（图中两塔为杉湖上的金塔和银塔）

倒影山浮水，无水无山不入神。”桂林山水之美，美得让人吃惊，美得让人心醉。桂林漓江让中外游人向往，亦因此成为各国元首和名人游览较多的一条江。

山城水都——梧州。广西集水面积85%以上的水量流经梧州城，浔江、桂江在此交汇为西江。“西江通五省，总汇在梧州”，梧州坐拥广东、广西交接处的“黄金水道”。梧州拥有这样的水陆门户地位，自然而然成为一座千古商城。在漫长的河运时代，梧州具有特殊的区位优势，因此梧州的水运商务十分发达。清末至民国时期，英国、法国、意大利、比利时等都曾在梧州派驻领事从事通商活动和事务管理。梧州也是世界上规模较大的人造宝石加工基地。

海湾明珠，休闲北海。北海市位于北部湾畔，是中国古代“海上丝绸之路”的始发港之一。北海属典型的亚热带海洋性季风气候，温

西江环绕的美丽梧州

暖湿润，空气清新。空气中每立方厘米负氧离子含量高达 2500—5000 个，比内陆城市高出 50—100 倍，因此，北海是全国公认的空气质量优良的城市之一，被誉为“中国最大的城市氧吧”。

北海银滩有“天下第一滩”之称，以“滩长平、沙细白、水温净、浪柔软、无鲨鱼”的特点享誉天下。北海银滩西起侨港镇渔港，东至大冠沙，由西区、东区和海域沙滩区组成，东西绵延约 24 千米，海滩宽度为 30—3000 米，面积超过大连、烟台、青岛、厦门和北戴河海滨浴场沙滩的总和，而平均坡度仅为 0.05。沙滩由高品位的石英砂堆积而成，在阳光的照射下，洁白、细腻的沙滩会泛出银光，故称“银滩”。

北海合浦一带盛产珍珠。那白的、黄的、黑的珍珠莹彩飞扬，流光变幻，令海增色，让人迷恋，也让北海沾满了珠光宝气。合浦珍珠又称“南珠”“廉珠”“白龙珍珠”。它以凝重结实、粒大圆润、晶莹夺目、光泽经久不变等优点在世界市场上占有重要地位，享有“东

北海银滩

珠不如西珠，西珠不如南珠”之美誉。合浦珍珠的历史至今已逾 2000 年。我国古时亦称南珠为“走盘珠”，即放在盘中稍动，就能滚动自如。如今的珍珠，除作为传统的珠宝配饰外，珍珠美容与珍珠美食等越来越受到时尚人士的青睐。

合浦珍珠

东盟门户，海陆边城——防城港市。防城港市是中国西部地区唯一沿海、沿边的城市，有中国西部最大的海港——防城港，有中越两国的界河——北仑河。防城港市是直接面向东盟的海陆门户，是中国-东盟自由贸易区的前沿城市之一。中国沿海枢纽港之一的防城港与中国较大的边境口岸之一的东兴，构筑防城港市无比优越的区位优势。北部湾开放开发升级为国家发展战略，使防城港市迎来了千载难逢的发展机遇。防城港市的沿岸海港和边境各类口岸，成为重要的外贸基地和商贸富集区，也成为海上旅游和边境跨国旅游的重要出入境口岸。

防城港码头

北部湾明珠，海豚之乡——钦州。钦州位于广西南部，北部湾沿海地区的中心位置。作为北部湾的新兴城市，钦州被世人瞩目。早在民国时期，由于钦州港水深、浪浅、避风，是不可多得的天然良港，因而备受孙中山先生的垂青，将其规划为“南方第二大港”。现在，钦州大港口、大工业、大旅游、大商贸的发展战略受到了海内外的广泛关注，国务院批准设立的“钦州保税港区”、西南地区最大的石化炼油厂、广西投资最大的林浆纸项目的开工建设，给钦州带来了新的发展机遇。风生水起北部湾，钦州成为一颗新兴的璀璨明珠。

距钦州市区30多千米的钦南区犀牛脚镇东南面的三娘湾，是“海上大熊猫”——中华白海豚的故乡。在这里可以看到中华白海豚在海面上欢腾，犹如海上的芭蕾舞表演，令人流连忘返。它们长年栖居于此，与人类和谐相处。它们时而追逐渔船，亲近渔夫和游客，时而与海鸥共舞，时而翻滚同乐，描绘着一幅幅人与自然和谐共处的美妙图景。

三娘湾

西江明珠，内河枢纽——贵港。贵港，因其作为华南地区及西南地区最大的内河港口而得名，并以西江经济带的发展为动力而日益充满魅力与无限生机，成为内河流域地区发展迅速的一颗璀璨明珠。

贵港是西江流域的魅力之城，素有“黄金水道”之称的西江航运干线穿城而过。西江航道是我国西南水运出海大通道的重要组成部分，也是目前广西最繁忙的内河航道。作为国家一类对外开放口岸和西江流域最大的内河港，贵港是联结大西南和华南的枢纽，地理位置优越。自 2000 年西部大开发以来，贵港逐渐成为联结云南、贵州、广西与珠江三角洲的便捷水路枢纽，港口的吞吐量大幅度增长。现在，贵港港口不再仅仅局限于运输功能，而是逐渐发展成为工业港、物流港、商贸港，为客户提供更高效、更优质、更低成本的港口服务。

岭南侨城，药市商都——玉林。玉林是广西的著名侨乡。据不完全统计，祖籍玉林的华侨就有 100 多万，主要分布在马来西亚、泰国、新加坡、印度尼西亚、美国、加拿大、英国等 30 多个国家和地区。这些华侨经过长期的艰苦奋斗，在各行各业都取得了不错的成就。他们当中的许多人在民主革命和中华人民共和国建设时期都做出了很大的贡献。抗日战争时期，不少华侨捐献了大批的款物支援祖国抗日，许多华侨青年不远万里回国参加抗日斗争。中华人民共和国成立后，又有大批的华侨回国参加社会主义建设。尤其是改革开放以来，玉林的许多归侨、侨眷等兴办了成百上千家各类企业，侨属经济成为玉林市经济发展的一个亮点。

玉林是中国药材之都，玉林的中药材市场是全国三大中草药市场之一。20 世纪 80 年代以来，玉林中药材产业逐步发展壮大。该产业从业人员至今已有数万人之多，年交易额在数十亿元以上。玉林拥有多个名优中药材品牌，形成了以玉林制药和玉林中药材市场为代表的中药材产业化格局。玉林已成为我国西南地区传统的中药材集散市场，药材购销辐射全国，并与东南亚地区的药材市场连接，形成了购销网络。经过多年的发展，中药材产业已成为玉林市的一个重要产业。近年来，玉林市正着力把中国（玉林）中医药博览会办成具有海内外广泛影响力的药材药品贸易会、招商引资洽谈会，构建中药材产业发展的新平台，做强、做大中药材市场，全力打造“中国南方药都”。

玉林有悠久的经商传统，中小企业众多，民营经济发达，中小企业一直是玉林经济增长的主力。广西玉柴机器集团有限公司、广西玉林制药有限责任公司、广西三环企业集团股份有限公司等企业和玉林健康食品产业园的迅猛发展，带动了中小企业的蓬勃兴起，形成了机械、陶瓷、建材、制药、服装、农副产品加工、工艺编织等优势产业，使玉林成为吸引海内外客商投资创业的魅力之城、活力之城、动力之城。现在，玉林是全国排名靠前的内燃机生产基地之一、全国规模较大的日用陶瓷生产出口基地、国家级建材生产出口基地、皮革服装制造基地和食品加工基地。玉林福绵区被誉为“世界裤都”，博白县是国家级“中国编织工艺品之都”，陆川县荣膺“中国铁锅之都”的称号。

壮乡红城，英才辈出——百色。百色是诞生红色革命根据地的红色土地，英才辈出；百色是白铝、黄铜等全国知名的有色金属工业基地；百色是“中国芒果之乡”，果香飘天下；百色还是世界最大的天坑群所在地，充满神秘与幻想。这里有壮族、瑶族、苗族、彝族等少数民族风情，保存着令人向往的原生态之美。

1929 年 12 月 11 日，中共中央代表邓小平和张云逸、雷经天、韦拔群等同志，率领广西警备第四大队、教导总队和右江农军在百色正式宣布起义，并建立中国工农红军第七军，张云逸任军长，邓小平任

百色起义纪念碑园浮雕（局部）

前敌委员会书记兼政委。接着，右江第一届工农兵代表会议在恩隆县（今田东县）平马镇召开，会议决定成立右江苏维埃政府，雷经天任主席。百色成为第一次国内革命战争时期的红色革命根据地，老区的革命英雄精神激励着一代代奋发有为的百色人。

百色地处山区，矿产资源非常丰富，矿产种类多、储量大，是我国十大有色金属矿区之一。全市已探明矿产近 60 种，已开发利用 20 多种。现已探明的主要矿产有铝土矿、铜矿、水晶、褐煤等，储量居广西首位。铝土矿的储量约占全国的四分之一。黄金储量为广西第一，因此百色是广西的主要黄金产地。煤的储量在 4.5 亿吨以上，百色现已成为广西产煤的主要基地。此外，还有锑、铜、石油、天然气、水晶等 10 多种矿藏，储量均在广西名列前茅。全国重点工程、国家大型企业广西平铝集团有限公司是亚洲最大的铝厂。百色的水资源也十分丰富，是国家“西电东送”的基地。

百色是一座土特产丰饶的城市。百色山区、森林面积大，生物资源丰富，具有种类多、开发价值大的特点。现有森林面积200多万公顷，活立木总蓄积量1亿多立方米，森林覆盖率达67.6%；有野生动物100多种，植物2775种，其中药用植物1200多种。著名的土特产品有芒果、白毫茶、八渡笋、八角、茴油、桐油、板栗、田七、云耳、香菇等，因而百色素有“土特产仓库”和“天然中药库”之称。百色是我国重要的芒果产地之一，有“中国芒果之乡”的美誉。

森林之城，田园都市——贺州。贺州市地处亚热带季风气候区，森林资源丰富，是广西的主要林业基地。2013年全市有林面积约85万公顷，森林覆盖率达72.7%，绿化程度达85.5%，活立木总蓄积量达4725万立方米，森林覆盖率和绿化程度均高于全国平均水平。贺州已建成广西规模较大的烟叶、松脂生产基地和珠江三角洲的菜篮子生产供应基地。贺州的无公害蔬菜发展走在广西前列，贺州八步区是国家确定的全国无公害蔬菜生产示范县（区）。脐橙、大肉梅、三华李、红瓜子、香芋、马蹄、沙田柚、茶叶、烟叶等优势农产品基地和三黄鸡、优质肉牛、瘦肉型猪等禽畜养殖基地粗具规模。每年，贺州有500万头生猪、5000万羽家禽、上亿千克蔬菜销往广东和港、澳地区，成为广东和港、澳地区重要的农产品供应基地。

作为森林之城的贺州，绿色、生态、环保成为其亮丽的城市名片。姑婆山、十八水、大桂山等景区，唯美的生态景观吸引着四面八方的游客。同时，贺州还是广西、湖南、广东三省（自治区）的商品集散地。特殊的地理位置，使中原文化、百越文化、客家文化、湘楚文化、海洋文化和其他少数民族文化等多种文化在这里交融，形成了贺州众多不同文化的人文景观及生活习俗。贺州有多处国家级、自治区级重点文物保护单位，较著名的有临贺故城、富川古城、

昭平黄姚古镇风光

秀水状元村、玉印浮山、客家围屋、文笔塔、千年桂花井。素有“梦境家园”美称的昭平黄姚古镇，保存着较完整的明清古建筑群，在国内也是为数不多的。

矿物天堂，民族之乡——河池。河池是我国著名的“有色金属之乡”，是世界罕见的多金属群生富矿区，被誉为“矿物天堂”。全市 11 个县（区、自治县）都有矿藏，已探明的有色金属有锡、锑、锌、铅、金、银、铟等 46 种，保有储量 850 万吨以上。其中，锡储量占全国总量的三分之一，居全国首位，铟储量居世界首位，锌和铅储量位居全国第二。此外，还有大量的石灰岩、辉绿岩、大理石、硅石等资源。凤山的黄金储量巨大，是我国有名的“黄金之乡”。目前，河池正全力打造全国有名、世界有影响的有色金属工业基地。

巴马瑶族自治县蓝靛瑶便装

河池是一座风情万种的民族魅力之城，是广西少数民族聚居较多的地区之一，境内聚居着壮族、汉族、瑶族、仫佬族、毛南族、苗族、侗族、水族等 8 个广西世居民族，少数民族人口占河池总人口的 80% 以上。河池的少数民族大多有自己的民族语言和颇具特色的风俗习惯，在服饰、饮食、生产、婚姻、丧葬、节庆、娱乐、礼仪上，都保存着自己特有的民族风情。如宜州的壮族风情，都安、大化、巴马 3 个瑶族自治县不同风格的瑶族风情，罗城的仫佬族风情，环江的毛南族风情，还有水族、侗族、苗族等民族的民俗风情等，令河池市处处充满魅力。

生态之城，美丽瑶山——来宾。来宾是一座充满壮瑶风情的生态之城。来宾的壮族、瑶族风情浓郁，有独具特色的少数民族文化。

金秀圣堂山盛开的杜鹃花

被誉为“壮族故宫”的莫土司衙署就在来宾市的忻城县。该土司衙署由土司衙门、祠堂、代理土司官邸、大夫第等建筑群组成，总面积为38.9万平方米，其中建筑占地面积达4万平方米，是全国现存规模较大、保存较完整的土司建筑。来宾的瑶族风情主要集中在金秀大瑶山。这块神奇美丽的土地上，居住着盘瑶、茶山瑶、花蓝瑶、坳瑶、山子瑶等，这里也是广西较大的水源林之地。在来宾，至今保存着传统的壮族三月三和瑶族盘王节等民族节日，以及“嫁郎”“上刀山、下火海”等民间传统习俗。

神奇边关，山水画廊——崇左。崇左作为广西最年轻的城市，具有沿边近海、沿高速、沿铁路、邻首府的优势。全市有宁明、龙州、大新、凭祥4个县（市）与越南接壤，边境线长533千米，是

宁明花山岩画

广西陆地边境线最长的地级市，有国家一类口岸3个、二类口岸4个。崇左市境内有湘桂铁路大动脉横穿而过，市区距自治区首府南宁122千米，距防城港市170千米，距南宁吴圩国际机场90千米。这些有利条件使崇左成为中国通往东盟最便捷的陆路大通道。随着中国-东盟自由贸易区的建成，大物流、大开放、大合作、大发展的格局已在崇左市悄然形成。崇左市在推动中国-东盟自由贸易区的建设中发挥着不可替代的作用。

左江自西向东穿流于崇左市的龙州、宁明、江州、扶绥等县（区）的崇山峻岭之中，沿岸约200千米长的陡峭崖壁上，有着规模巨大的原始岩画群，整个画群分为79个地点178处289组。其中的宁明花山岩画画幅大、图像多、分布密、形象高大，是左江原始岩画的代表作，是我国现存较大的岩画群之一。绝大多数岩画在临江转弯处的悬崖峭壁上，非常宏伟壮观。这是古代壮族先民留下的一份宝贵的历史文化遗产，也是中国乃至世界岩画艺术中的珍宝。

2016年7月15日，在土耳其伊斯坦布尔举办的联合国教科文组织第40届世界遗产委员会会议上，左江花山岩画文化景观申遗成功，顺利列入《世界遗产名录》。

第二章

广西的世居民族

广西是以壮族为自治民族的自治区，主要有壮、汉、瑶、苗、侗、仫佬、毛南、回、京、彝、水、仡佬12个世居民族，此外还有满、蒙古、朝鲜、白、藏、黎、土家等40多个其他民族成分。据2010年第六次全国人口普查数据，全自治区常住人口有4602.38万，其中少数民族有1710.77万人。

长期以来，广西各民族共同生活、共同劳动、共同开发与建设祖国南疆，共同创造了广西光辉灿烂的历史文化。在许多地方，一个县，一个乡，一个村，甚至一个屯都居住着几个不同的民族，各民族人民同饮一溪水，共种一座山，共耕一峒田，形成了谁也离不开谁的友好关系。这种良好的民族关系，不仅为广西的经济发展提供良好的社会环境，而且也为各民族的经济文化交流打下了坚实的基础。

一、壮族

壮族是中国人口最多的少数民族。据2010年第六次全国人口普查数据，广西壮族常住人口有1444.84万，占全自治区常住人口的31.39%，占全国壮族人口的85.36%。

壮族是一个历史悠久的民族，其渊源可以追溯到“柳江人”和桂林的“甑皮岩人”。考古人员在柳江、来宾等壮族聚居区发现了大量的原始文化遗址，这证明远在旧石器时代后期，广西这片土地上就有人类居住。广西的出土文物还证明，早在春秋战国时期，壮族先民就已普遍使用铜器。金属工具的使用，生产力发展水平的提高，社会财富的增多，促进了私有财产的出现和发展，壮族社会从无阶级的原始公社进入到奴隶社会。

壮族由古代百越的一支发展而来。秦汉后泛称"西瓯""骆越""乌浒""俚""僚"。"僮"的称呼最初见于宋代，元代之后关于"僮"的记载越来越多。中华人民共和国成立初期，统一称为"僮族"，后改称"壮族"。

靖西壮族女子

壮族有自己的民族语言和文字。现在，壮族聚居的乡村和部分城镇中的壮族普遍使用壮语。壮语属汉藏语系壮侗语族壮傣语支。历史上，壮族曾在汉文的基础上创造了土俗字，但没有广泛使用。20世纪50年代以后，根据壮族人民的意愿，国家帮助壮族人民创制了一套用拉丁字母书写的壮文方案。这套方案以壮语北部方言为

东兰壮族女子

FWEN DAHVWNJ
GVANGJSIH MINZCUZ CUZBANJSE
FWEN
YINGDAIZ
GVANGJSIH MINZCUZ CUZBANJSE
FWEN GWZMING
YOUGYANGH
GVANGJSIH MINZCUZ CUZBANJSE
FWENBAIZ
YOUGYANGH (1)
GVANGJSIH MINZCUZ CUZBANJSE
FWEN BAZGOH
GVANGJSIH MINZCUZ CUZBANJSE
FWENLEUX
FWEN BIENGZ LUENH
Vangz Gingzliuj
Hoz Cwngzvwnz
Moz Feih
GVANGJSIH MINZCUZ CUZBANJSE

壮文图书

基础方言，以武鸣的壮语语音为标准音。20 世纪 80 年代后，政府修订了原有的壮文方案，并在壮族地区推行。

壮族有着光荣的革命传统。辛亥革命时期，黄明堂、王和顺等壮族先进分子在孙中山领导下发动和指挥了镇南关起义和钦防起义。新民主主义革命时期，壮族人民的好儿女韦拔群等同志在邓小平、张云逸的领导下举行百色起义，创建了左右江革命根据地，红七军、红八军以及工农革命政权。在抗日战争和解放战争中，壮族人民在中国共产党的领导下，英勇斗争，做出了重大贡献。

在反对外来侵略、保卫祖国的斗争中，壮族人民中涌现出许多可歌可泣的英雄人物。北宋熙宁八年（1075 年），壮族人民在反抗交趾入侵、保卫邕州的战斗中，与官兵配合，把侵略者赶回交趾，保卫了祖国的南疆。明代，壮族女将瓦氏夫人带领 6000 多人开赴江浙一带抗倭，重创倭寇。她的英勇事迹至今仍在广西人民和江浙人民中广为传颂。1885 年，广西边境的壮族和其他少数民族在冯子材的率领下，配合官兵，在镇南关大败法国侵略者，取得了震惊中外的镇南关大捷。

壮族的文化艺术形式多样，内容丰富。左江岩画是 2000 年前壮族先民创造的艺术瑰宝。这些岩画多数分布在左江及其支流明江两岸的石山峭壁上，少数分布在天等县及右江两岸的石山峭壁上。其中以明江两岸的花山岩画较具代表性。壮族的民间文学作品有神话故事、民间传说、山歌等。壮族人民素以能歌著称，善于以歌来描述自己的生活，抒发思想感情。

中华人民共和国成立后，在党和政府的领导下，壮族地区发生了翻天覆地的变化，特别是在党的十一届三中全会后，壮族地区的政治、经济、文化都有了巨大的发展。

左江岩画上的人物与动物图像

二、汉族

汉族是中国人口最多的民族。据2010年第六次全国人口普查数据，广西的汉族常住人口为2891.61万，占全自治区常住人口的62.83%。

广西的汉族是在历史上不同的时期先后从中原各地迁徙而来的。秦汉之前，岭南地区基本上是西瓯、骆越人的聚居区。秦始皇统一中原后，于公元前219年派遣50万大军，兵分五路，开始了统一岭南的战争。此后，大批中原人开始陆续进入岭南。

广西汉族，有随军南征驻戍留下的，有因政府组织的屯田、移民或贬谪流放充边落籍的，有躲避战乱流入的，也有因经商谋生而迁来的。明清以前，汉族进入广西以水路为主，从桂北沿湘江、漓水而下。明清时期，大多数汉族是从福建、广东来到广西。汉族迁徙的路线，

贺州客家围屋

隆林“高山汉”女子服饰

是先由桂东北而下，逐渐流布整个桂东南地区，然后再逐步向西推移。

历史上，广西汉族因祖籍地或因迁入先后、职业、居住环境、语言、习俗等不同而有“客家”“土州人”“民户”“黎民”“百姓”“新民”“菜园人”“蔗园人”“射耕人”“疍民”“官人”“军人”“伢人”“六甲”“土拐”“白话人”“湘人”“平原人”“高山汉”等称谓。广西各地汉族都有自己的文化特点。

广西汉族基本上讲汉语，主要有粤语、客家话、西南官话、湘语、平话、闽语6种。粤语主要流行于桂东南地区和南宁市区、横县及左右江一带；客家话主要流行于陆川、博白、浦北、灵山等县，并散布全自治区各地；西南官话主要流行于河池、柳州、桂林等地；湘语主要流行于桂北靠近湖南的全州、灌阳、资源、兴安等县；平话主要流行于南宁市所辖区县及贵港、田东、田阳等地；闽语主要流行于博白、陆川、八步、平乐、桂平等地。

汉族进入广西后，多聚居在交通便利的郡、州、府、县所在地的城镇。这些地方经济文化较发达，人们的商品意识较强，商品经济发展较快，从事工业、交通运输业、商贸等行业的人较多。汉族地区的传统农业以种植业为主，这些地区是广西水稻、甘蔗的主要种植区。桂东南是广西的沙田柚、荔枝、龙眼、菠萝、香蕉、柑橙等水果的主要产地。桂南的渔业、珍珠养殖业较为发达，合浦是中外著名的南珠产地。

在广西，汉族与各少数民族的关系历来比较融洽，民族间的经济文化交流现象非常普遍，汉文化对少数民族文化有深刻的影响，同时，汉族受少数民族文化影响的现象也很普遍。

三、瑶族

广西是我国瑶族的主要聚居区，据2010年第六次全国人口普查数据，广西瑶族常住人口为149.35万，占全自治区常住人口的3.25%，占全国瑶族人口的53.42%。

瑶族历史文化悠久，其历史最早可追溯到三皇五帝时期九黎部落中的蚩尤及后来的三苗，活动区域主要在黄河下游与长江中下游一带。三苗被禹击败后，其部属成员进入洞庭、彭蠡一带，史称“荆蛮”。楚国崛起后，部分荆蛮向南和西南迁徙，形成长沙武陵蛮（东汉至宋，因分布在沅江上游五溪地区，又称“五溪蛮”）、零陵蛮、桂阳蛮，其中，长沙武陵蛮与瑶族先民关系较密切。隋唐时期，瑶族先民被称为“莫徭”。

盛装的金秀瑶族女子

宋代瑶族先民发展成为单一民族。元明时期，瑶族被迫继续大量南迁，不断深入广西腹地。明代，广东、广西已成为瑶族的主要分布地区。明清时期，部分瑶族由广西迁入贵州、云南。至此，瑶族形成了“大分散、小聚居”的格局。清朝以后，少数瑶族迁徙到了越南、老挝、缅甸、泰国等东南亚国家。

广西境内五岭、大瑶山、十万大山、都阳山等山脉纵横交错，山峦连绵起伏，形成大小不等的山麓陡坡，瑶族人民就在这些山麓陡坡上建立自己的家园。这些地区气候温和，雨水充沛，物产丰富，粮食作物以玉米、稻谷为主，森林以杉树、松树为多，盛产桐油、松脂、茶叶、香草、八角、药材等，林副产品资源丰富，为开发山区、发展多种经营提供了良好条件。

瑶族的自称有“勉”“金门”“布努”等，他称有近百种，中华人民共和国成立后，统称为“瑶族”。

瑶族有自己的语言。由于历史上的原因，瑶族语言在形成过程中，并没有成为统一的民族语言。在其内部，瑶语又可分为勉语、布努语、巴哼语、炯奈语、优诺语、拉珈语等，这些语言都统称“瑶族语言”。此外还有部分瑶族说西南官话。这些语言都是汉藏语系的语言，但它们又分别属于不同的语族或语支：勉语属苗瑶语族瑶语支，布努语、巴哼语、炯奈语、优诺语属苗瑶语族苗语支，拉珈语属壮侗语族侗水语支，西南官话属汉语方言。它们都有自己的语言文化特点。各地的瑶族在其社会内部交往过程中，同说一种语言的瑶族，往往使用共同的民族语言通话，说不同语言的瑶族，则只好借助汉语或壮语进行通话。瑶族一般通用汉文。历史上，瑶族曾以汉字为基础创造过“土俗字”，但只用于经书的抄写，除师公外，一般人均不会读、写。瑶族的民间文学丰富多彩，尤以《盘王歌》《密洛陀》最具有代表性。盘王节和祝著节是瑶族民间具有代表性的传统节日。节日期间，人们祭盘王、

金秀街头的瑶药摊

打长鼓、跳长鼓舞，或祭密洛陀、打铜鼓、跳铜鼓舞，以示对祖先的怀念。

瑶族人民反抗封建统治阶级的斗争，史不绝书。明代，广西大藤峡和广东罗定地区的瑶族人民不堪封建统治的苛重剥削，不断掀起反抗明王朝压迫的斗争。中国共产党成立后，瑶族人民参加了左右江的革命斗争、抗日战争和解放战争，为中华人民共和国成立做出了很大的贡献。

金秀瑶族长鼓舞表演

中华人民共和国成立前，部分瑶族地区以农业为主，兼营林副业，或以林业为主，兼营农副业；十万大山等地的瑶族仍采用刀耕火种的原始耕作方法从事农业，过着迁徙不定的山地游耕生活。中华人民共和国成立后，在党和政府的大力帮助下，瑶族地区的社会生产力发展水平得到了很大的提高，大部分地区已使用机耕和化肥，社会经济有了很大的发展，人们生活水平明显提高。

四、苗族

据2010年第六次全国人口普查数据，广西苗族常住人口有47.55万，占全自治区常住人口的1.03%，占全国苗族人口的5.04%。广西苗族自称“蒙”“木”“达吉”等，他称有“红苗”“偏苗”“花苗”“白苗”“素苗”“清水苗”“草苗”等。中华人民共和国成立后，称为“苗族”。

隆林苗族少女

隆林苗族女子挑花

苗族与瑶族、畲族同源，其历史可追溯到三皇五帝时期九黎部落的蚩尤及后来的三苗。南北朝时期属于莫徭蛮。唐末宋初，苗、瑶始从五溪蛮中分化出来，各成为单一民族。

广西苗族分别在不同的历史时期由湖南、贵州、云南等地迁入，最近的一次是在清代。清代，贵州、四川、

广西苗族女子

湖南的苗民大起义失败后，一部分苗族由贵州铜仁迁徙到广西南丹安家落户。

广西苗族居住的地区属亚热带山区气候，气温宜人，雨水充沛，土壤肥沃，盛产杉、松、栎等优质木材和油茶、油桐等经济林，还出产香菇、木耳、竹笋等土特产，以及灵芝、黄精、茶辣、女贞子、首乌等药材。地下则蕴藏着较为丰富的铁、锡、锑、磷、石棉、水晶等矿产资源。

苗语属汉藏语系苗瑶语族苗语支。广西苗语方言差别较大，南丹、都安等地的苗族说苗语湘西方言，融水、龙胜、三江等地的苗族说苗语黔东方言，隆林等地的苗族说苗语川黔滇方言。方言不同，彼此之间不能通话，要借助西南官话交流。中华人民共和国成立以前，苗族没有统一的文字，本民族的历史主要通过口传。中华人民共和国成立后，党和政府于 1956 年组织语言工作者创制和改革了 4 套拉丁字母形式的苗文，并推行使用。苗族民间文学种类繁多，内容丰富，有神话、歌谣、传说、故事等。蜡染、织锦、刺绣等民间工艺技艺精湛。每逢坡会、芦笙会、苗年，人们穿上民族盛装，吹响芦笙，走坡串寨，举行摔跤、斗牛、赛马、斗鸟、吹芦笙等传统节日活动，年轻人则乘机寻找对象。

苗族是个富有革命传统的民族。南宋理宗年间，广西融水的苗族人民和壮、汉族人民联合起来反抗封建统治阶级。明隆庆五年（1571 年），广西庆远（今宜州等地）的苗族人民和壮、瑶、侗等民族人民一起，在桂北一带发动起义，有 300 余人参加。清咸丰、同治年间，广西融水元宝山一带的苗族人民参加了张秀眉等人领导的贵州苗族起义。20 世纪 30 年代，苗族妇女杨刚奶领导广西隆林一带的苗、壮、彝等民族起来反抗封建地主和军阀。抗日战争和解放战争时期，广西苗族积极支援和参加了战斗，为中华人民共和国成立做出了应有的贡献。

五、侗族

根据 2010 年第六次全国人口普查数据，广西的侗族常住人口有 30.56 万，占全自治区常住人口的 0.66%，占全国侗族总人口的 10.61%。

战国至秦汉时期，侗族属于骆越中的一支，隋唐时被称为“僚”。唐宋时期，中央封建王朝在侗族先民居住的地区建立羁縻州、县、峒，侗族先民被称为“峒民”。宋代，侗族先民被称为“仡伶”。清代，侗族被称为“洞家”“峒民”。民国时期，侗族被称为“洞家”“洞人”“洞民”或“洞族”。中华人民共和国成立后，统称为

"侗族"。

侗族使用侗语，侗语属汉藏语系壮侗语族侗水语支，分南、北部两个方言。原无文字，使用汉文。中华人民共和国成立后，于 1958 年制定了拉丁字母形式的侗文方案。现在大部分侗族地区通用汉文。

侗族主要从事农业，以种粳稻为主，善用稻田养鱼。侗族兼营林业，林业以产杉木著称。侗族木构建筑技艺出色，它不仅有鲜明的民间手工艺特征，蕴含丰富的文化内涵，而且具有极高的艺术价值。2005 年，三江侗族木构建筑技艺被列入国家级非物质文化遗产名录。鼓楼、风雨桥、吊脚楼是侗族建筑的典型代表，闻名全国。风雨桥因桥上建有可遮蔽风雨的长廊式桥屋而得名。三江著名的程阳风雨桥被定为全国重点文物保护单位，桥上建有五座桥亭，通道两侧有栏杆，形如游廊。整座桥梁不用一钉一铆，只在柱子上凿榫打眼，榫卯连接，斜穿直套，结构精巧，十分坚固，令人叹为观止。整个建筑吸收了中国古代亭台楼阁的部分精髓，具有较高的建筑艺术价值。鼓楼是侗族村寨的主要标志，是侗族村寨祭祀、议事、歌舞、庆典等的主要场所，较有名的有马胖鼓楼、高定独柱鼓楼、三江鼓楼等。

侗族人民能歌善舞，民歌分为合唱歌曲、独唱歌曲、伴奏歌曲三大类，其中尤以合唱歌曲中的侗族大歌最具代表性。舞蹈主要有芦笙舞、多耶舞等。民间文学丰富多彩，比较著名的神话作品有《嘎茫莽道时嘉》《洪水滔天》《侗族祖先落寨歌》等。侗族的民间戏曲侗戏至今已有 100 多年历史，比较著名的剧目有《秦娘梅》《莽子》等，深受群众喜爱。侗锦、刺绣、银饰、侗布和竹制品等民间工艺都有鲜明的民族特色。一年一度的抢花炮是侗族民间最为盛大的传统节目，俗称"花炮节"。

侗族人民具有光荣的革命传统。明代吴勉领导贵州、广西、湖南

三江岜团桥

三地侗族人民发动武装起义，反抗封建统治阶级的压迫、剥削。在第一、第二次国内革命战争时期，抗日战争和解放战争时期，侗族的优秀儿女积极参加中国共产党领导的各种斗争，为中华人民共和国的解放事业做出了贡献。

三江马胖鼓楼

三江民间侗族大歌队

三江侗族风情浓郁的芦笙踩堂舞表演

六、仫佬族

仫佬族是广西世居民族之一。据2010年第六次全国人口普查数据，广西仫佬族常住人口为17.23万，占全自治区常住人口的0.37%，占全国仫佬族总人口的79.66%。

仫佬族先民为古代骆越人后裔“僚人”的一部分。明代，一部分操汉语西南官话的人进入今天的罗城一带居住，与当地的“僚人”通婚，其子女的生活习俗、语言文化、宗教信仰等均随当地“僚人”，从而形成新的人们共同体——仫佬族。

仫佬族有自己的语言，无本民族文字，通用汉文。仫佬语属汉藏语系壮侗语族侗水语支，和侗族、水族、毛南族的语言比较接近。长期以来，仫佬族人民与壮、汉等兄弟民族经济文化交往密切，不少群众既会说汉语也会说壮语，有的还会说汉语方言“土拐话”。

仫佬族聚居区为云贵高原九万大山南沿的喀斯特地带，境内石山林立，山岭延绵起伏，溪流交错穿行其间。在石山与土山丘陵之间夹杂着一块块大小不一的平地。仫佬族人就在这一块块大小不一的平地上，依山傍水建成村落。仫佬族地区土地肥沃，气候适宜，物产丰富。这里不仅盛产稻谷、玉米、红薯、花生、芝麻、黄豆、油菜等农作物，而且蕴藏着丰富的矿产资源，主要有煤、硫、铁、锡、铜、铅、锌、锰等10多种，其中煤的藏量较多。此外，还盛产五倍子、金银花等药材。

仫佬族的经济文化比较发达，耕作技术、作物种类和生产工具基本上与附近的壮、汉族相同。仫佬族生产的煤砂罐极具民族特色。农闲时，部分仫佬族农民外出做小商贩。仫佬族注重教育，较早就开设了义学和社学，明代至清代，仫佬族中有不少的秀才和举人。

仫佬族工匠在制作煤砂罐

仫佬族的煤砂罐

仫佬族是个喜爱唱歌的民族，男女老少普遍会对歌，凡过年和走坡，随处都可以听到对歌声。几乎家家都有歌本，村村都有老歌手。他们用山歌来表达本民族的生产、生活和爱情。山歌的种类有“随口答”“古条”“口风”三种。仫佬族群众中还流行许多民间故事和谚语，如《罗大庙的传说》等。

仫佬族是一个具有革命传统的民族。明清时期，仫佬族地区就爆发过大小数十次反抗封建王朝的武装斗争。太平天国运动爆发后，仫佬族人民在当地秘密组织“堂会”，举起反清斗争义旗。中国共产党成立后，仫佬族人民在党的领导下进行积极的斗争。1930年，红七军北上路过罗城、天河县（今罗城仫佬族自治县境内）时，仫佬族群众积极帮助红军，为红军“战四把（四把是罗城的一个镇）”的胜利做出了贡献。抗日战争中，仫佬族儿女组织武装队伍打击日本侵略军。解放战争时期，仫佬族又掀起反对国民党征兵、征粮、征税的斗争，配合解放军解放罗城。

罗城仫佬族走坡对歌时男青年用手绢打招呼

七、毛南族

毛南族是广西的世居民族之一。据 2010 年第六次全国人口普查数据，广西毛南族常住人口有 6.56 万，占全自治区常住人口的 0.14%，占全国毛南族总人口的 64.82%。

毛南族是宋代时从广西河池一带的“僚人”中分化出来的，初时被称为“茅滩”，明清时期又被称为“茆滩”“毛难”“冒南”。中华人民共和国成立后曾定为“毛难族”，后改称“毛南族”。

毛南族有自己的语言——毛南语，但无本民族文字。毛南语属汉藏语系壮侗语族侗水语支。因居住较集中，毛南族所讲语言基本一致，没有方言土语差别。受壮、汉族等兄弟民族的影响，毛南族会讲汉语、壮语的人较多。有些混居和散居于城镇的毛南族，他们的母语音调已有变化，汉语、壮语词语增多。

历史上，由于不堪统治阶级的阶级压迫和民族压迫，毛南族人民不断起来进行反抗斗争。北宋庆历四年（1044 年），广西环江人区希范（宋代进士）率领本县壮族、毛南族群众，联合蒙赶带领的农民队伍举行起义，攻破环州（今广西环江县城），沉重打击了宋王朝。明洪武二十八年（1395 年），毛南族人民响应南丹州土官莫金起义的号召，于镇宁州（今环江毛南族自治县西一带）燃起斗争烽火。清咸丰年间，石达开率太平天国起义军回师广西时，不少毛南族农民投奔太平军，参加反清斗争。抗日战争时期，毛南族组成两支抗

毛南族花竹帽舞

日队伍，多次与占领思恩县城（今属环江毛南族自治县）和邻近乡村的日寇进行斗争。1949 年 11 月，伪广西保安十团残部逃窜到上南、中南、下南地区，负隅顽抗，被毛南族革命武装力量一举歼灭。

历史上，毛南族重视教育，学风良好，文化水平比较高。一般有条件的人家都争相送小孩上学读书，形成奋发好学的风气。

毛南族文学艺术丰富多彩，富有民族特色。其中有数量繁多、内容丰富，思想性和艺术性都比较高的散文、韵文和戏剧之类的作品。民歌曲调有 50 多种，轻快活泼，高亢嘹亮，有浓郁的民族风格。毛南族傩舞原始古朴，石雕、木雕技艺非凡，竹编花竹帽工艺精美，国内外闻名。

毛南族傩戏

八、回族

回族是广西的世居民族之一。据2010年第六次全国人口普查数据，广西回族常住人口有3.23万。

回族先民最早进入广西是在宋末元初。回族大量进入广西是在明清两代，主要从江苏、云南、河北等地迁徙而来。如桂林白姓回族，据史籍及其家谱记载，其祖先于元朝来广西任廉访副使，之后其孙又来到广西，后定居桂林。回族长期与广西各族人民杂居在一起，经济文化交往密切。住在城市的回族多经商和从事手工业，住在农村的回族除从事农业外，也兼做小商贩。回族向汉族学习耕作技术，汉族向回族学习经商之道。

广西回族和汉族以及其他各族人民一起，曾与历代反动统治者进行不屈不挠的斗争。洪秀全率太平军攻打桂林城时，回族人民制造武器，支援太平军的反清斗争。1911年4月27日黄花岗起义，桂林回族人民也有人参加了斗争，回族人宋耀明在斗争中光荣牺牲。抗日战争时，回族人民在中国共产党的领导下，建立了临阳纵队，与日本侵略军进行英勇斗争。解放战争时期，回族人民与各族人民一道，为解放广西，建立中华人民共和国做出了贡献。

回族人民因与汉族人民长期交往，已学会说汉语，使用汉文。但回族在本民族内部交际时，特别是在举行有关宗教仪式、经堂教育和交流思想当中，还保留着一些波斯语和阿拉伯语的词语。回族信仰伊斯兰教，在回族聚居区建有清真寺。

回族在做礼拜时，男子戴白色或黑色圆顶无檐小帽，妇女戴盖头。回族的传统节日主要有开斋节、古尔邦节、圣纪节。

中华人民共和国成立后，党和政府采取一系列措施保障回族人民

桂林码坪清真寺大门

的平等权利，实行宗教信仰自由政策，发展回族的经济文化，尊重回族的信教自由和生活习俗。此外，党和政府还培养了大批回族干部，让他们参加各级政府的管理工作。各级人民代表大会和政治协商会议中都有回族代表参加，回族人民享有当家做主的平等权利。

回族女子

九、京族

京族是广西的世居民族之一。据 2010 年第六次全国人口普查数据，广西京族常住人口有 2.33 万，占全国京族总人口的 82.62%。

中华人民共和国成立前，京族曾被称为“安南人”“越人”等，20 世纪 50 年代初期称为“越族”。1958 年 5 月经国务院批准，按照本民族的意愿，正式定名为“京族”。

京族有自己的语言，国内语言学界对京族语言系属问题至今未有定论。京语大抵与越南北部居民的语言相同，多数人除讲京语外，兼讲粤语方言。京族没有本民族通行的文字，其所遗存的土俗字被称为“喃字”，是 13 世纪借用汉字的偏旁结构和表音表意的方法创造的一种文字。这种土俗字在京族民间，仅为歌师、法师等少数人所掌握，用以

京族姑娘漫步海边

传抄歌本、宗教经书、族谱乡规等，通常是夹杂着汉字使用。由于其结构复杂，笔画过繁，表音不够准确贴切，因而难被京族广大群众接受，没有能够全面推行和规范化。随着京、汉族经济文化交流的深入和教育事业的发展，汉字早已成为京族人民日常记事及交际的主要工具。

京族的祖先于 16 世纪开始陆续由今越南涂山等地进入中国广西东兴的巫头岛，然后逐步迁到沥尾、山心、潭吉等地。据史料记载，京族定居东兴市沿海一带已有 500 多年的历史。

京族迁来中国后，经历了明、清王朝和国民党政府的统治。国民党统治时期，京族地区曾设保甲制度。京族聚居的村寨中，大多有“翁村”组织。“翁村”组织是京族的传统社会组织，负责管理和协调村寨中的大小事务，组织各项重大的宗教祭祀活动。中华人民共和国成立前，由于生产力水平低下，生产方式落后，京族地区的经济发展水平很低，群众生活贫困。

京族地区繁忙的码头鱼市

中华人民共和国成立后，京族地区的各项事业都得到飞速发展。渔业生产力水平提高很快，在发展传统浅海捕捞业的基础上，又大力发展了深海捕捞业、海水及淡水养殖业和海产品加工业，鱿鱼、沙虫、鲶汁、海蜇等产品远销全国各地和东南亚地区。农业生产条件得到很大改善，粮食产量有很大提高，边境贸易和旅游经济空前发展。

京族民间文学和歌谣十分丰富，歌谣仅曲调就有30多种。独弦琴是京族特有的传统乐器，制作简单，结构独特。演奏时能奏出4个音阶和一些装饰音、长颤音等，音色悠扬、清丽，数里之外都能听见。

十、彝族

广西彝族人口较少，据2010年第六次全国人口普查数据，全国彝族有871.44万人，广西彝族常住人口有9700人。

历史上，彝族有“罗罗”或“倮倮”等称谓。中华人民共和国成立后改称“彝族”。

广西彝族的祖先分别来自云南大理、文山等地及贵州盘县、兴义一带。三国战乱时期，一批彝族先民开始进入广西。明朝洪武年间，部分彝族因反抗封建王朝斗争失败，由云南、贵州、四川陆续进入广西隆林、那坡、西林等地。

彝族有本民族的语言文字，广西彝族使用彝语，多数兼通汉语，也会说周边的民族语言，如苗语、壮语等。只有个别麽公认识一些彝文。居住在隆林、西林的彝族一部分来自云南西部，一部分来自云南的东川、会泽、曲靖一带。这部分彝族经贵州西南地区迁入广西隆林、西林，其语言、衣饰、习俗与四川凉山、贵州西北、云南楚雄和大理等地的彝族相近，崇尚黑色，过火把节。但现在居住在隆林的彝族，原来的服饰、节日习俗有的已变化，与当地壮、汉族相同，语言仍与四川、云南、贵州的彝族一样。居住在那坡县的大部分彝族由云南南部一带迁入。他们的语言、衣饰、习俗与云南南部富宁一带的彝族相同，崇尚白色，主要衣饰为白衣、黑裤加黑头帕、花头格巾和绑腿，妇女腰佩大腰环。其最隆重的节日为跳弓节，不过火把节。那坡县坡伍、坡康、达汪等村屯的部分彝族衣着花红且喜欢“吃红”，如过年节用猪血、鸡血染红糯米饭等，其语言自成方言，与广西的其他彝族语言不相通。

隆林彝族少女

那坡白彝男女服饰

广西彝族多居住在山区，从事农业，主要种

植的农作物为玉米、稻谷等，种植的经济作物有油茶、油桐、八角、杉木等。此外，还养殖牛、马、猪等。彝族生活俭朴，住房为石砌房基泥墙屋或木板干栏房。原来彝族居住地交通极不方便，运输全靠人背马驮。中华人民共和国成立后，修了公路和简易机耕路，汽车通到彝寨山脚，交通条件大为改善。

十一、水族

水族是中国南方一个有着悠久历史的少数民族，据2010年第六次全国人口普查数据，全国水族共有41.18万人，广西水族常住人口为1.36万。

水族自称“虽”，汉语音译为“水”。历史上，水族曾被统称为“百越”“僚”“苗”等，直到明清时期，才有“水”“水家”等称谓。中华人民共和国成立后，根据本民族意愿，国务院于1956年确定其族称为“水族”。

据史籍记载，水族先民原居住在邕江流域的岜虽山，后向广西北部地区迁徙，沿龙江逆流而上，移居于龙江、都柳江上游的贵州、广西交界处，逐渐从骆越族群中分离出来，向单一民族发展。唐代，聚居在抚水州（今环江毛南族自治县明伦镇）、莪州（贵州荔波县县城附近）、劳州（贵州荔波县捞村乡一带）一带的水族先民经过长期发展，逐渐形成统一的民族特征，成为单一民族。水族形成后，居住在广西的水族有的迁入贵州，有的或同化于当地壮族。今天的广西水族是清末从贵州迁徙而来的。

水族有自己的民族语言——水语，水语属汉藏语系壮侗语族侗水语支。水语大致有三个土语区，即三洞土语、阳安土语和潘洞土语。由于水、汉两族人民长期交往，水语吸收了不少汉语借词。广西境内的水族因居住分散，受壮、汉族语言的影响较大，除少数居住较集中的水族仍然说水语外，与其他民族杂居的水族多说汉语、壮语。

南丹水族妇女在劳动

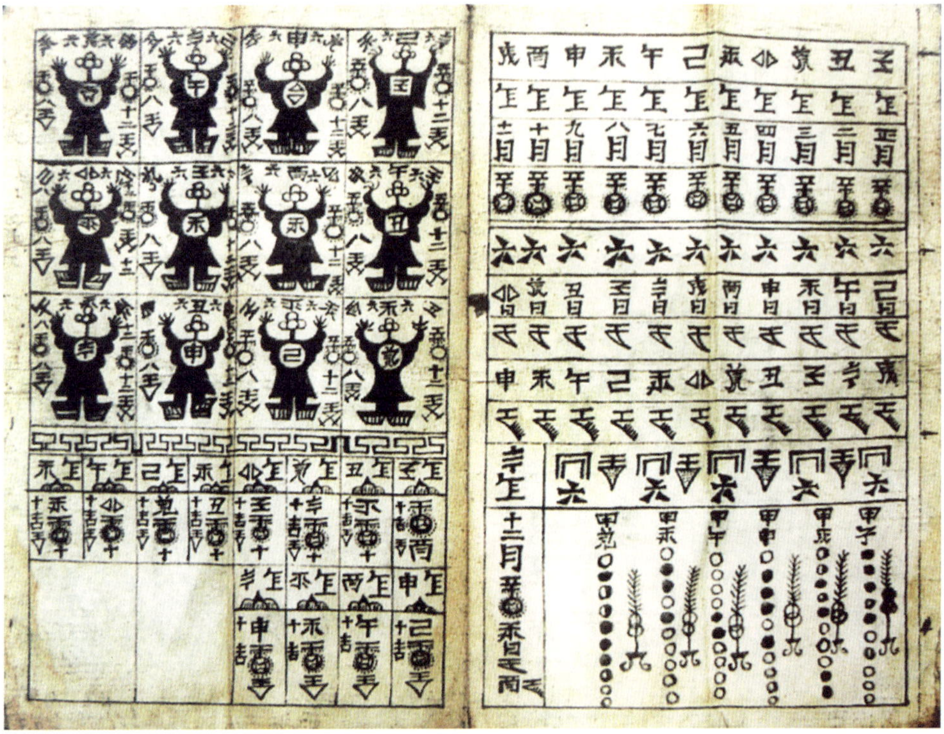

水书

水族有着悠久的历史和光辉灿烂的文化。历史上，水族人民曾创造了一种古老的象形文字，有 500 多个单字，称为“水书”或“水字”。水族人民还创造了自己的历法——水历。这种历法以农历九月为新年的正月，以农历八月为年终。水族人民还创造了丰富的民间文学，如《人类起源》《人龙雷虎争天下》等神话及《石马宝》《简大王的故事》等民间故事。水族的民间乐器有铜鼓、大皮鼓、芦笙、胡琴、唢呐等。水族人民用铜鼓和大皮鼓能演奏出典雅、抒情、奔放、热烈、哀怨等曲调。斗角舞、铜鼓舞、芦笙舞等民间传统舞蹈具有独特的民族风格和浓郁的生活气息。水族工艺美术有刺绣、剪纸、印染和银器加工等，这些工艺精巧别致，久负盛名。

清末，水族进入广西后，多为地主的佃户，他们除了遭受沉重的地租剥削，还受到许多其他剥削。国民党统治时期连年征兵，反动的伪乡长、伪村长乘机勒索水族人民的财物，或以庇护为名，诱骗水族青年为他们做长工。另外还有种种名目繁多的苛捐杂税。在官僚、地主的残酷压迫和剥削之下，水族人民过着极端悲惨的生活。

中华人民共和国成立后，水族人民和各族人民一样，成了国家的主人。现在，各级人民代表大会中均有水族代表。广西水族地区的经济有了较大的发展，人民群众的生活水平得到了极大的提高，社会面貌发生了根本性的变化。

十二、仡佬族

仡佬族是广西的世居民族之一。据 2010 年第六次全国人口普查数据，广西仡佬族常住人口有 3885 人。

仡佬族有自己的语言，属汉藏语系壮侗语族仡央语支。在广西境内，仡佬族语言主要有三大方言，即哈吉仡佬方言、多骆（“多罗”）仡佬方言和俫人仡佬方言。由于各方言差别较大，不同方言的仡佬族基本不能用本民族语言交谈，须借助汉语或壮语进行交流。仡佬族无本民族文字，以汉字为通用文字。

仡佬族的自称、他称有数十种。广西的仡佬族自称“牙克”或“图里”。唐宋史书中即有“仡佬”“仡僚”“革老”等记载。元代以后，直到明、清、民国时期，“仡佬”之称一直沿袭下来。中华人民共和国成立以后，定名为“仡佬族”。

隆林长发乡仡佬族新式少女服饰

广西仡佬族是由贵州迁来的，他们在贵州的祖籍各不相同，有的来自六枝，有的来自仁怀。由于他们的先民在原籍就有许多差异，因此，至今隆林各族自治县自称“牙克”和自称“图里”的仡佬族还保存各不相同的自称和相应的他称，在语言、风俗诸方面也有相当大的区别。据考证，仡佬族进入广西的主要原因是原居住点的自然条件比较差，因此迁徙而来。中华人民共和国成立后，仡佬族与彝、苗各族联合建

仡佬族“八仙”乐队

立了县级自治政权，有了自己民族的干部，也有了自己民族的大学生，生产生活条件得到了改善，文化水平有了普遍的提高。仡佬族爱唱歌，其民间文学艺术丰富多彩，有丰富的民歌，有富于民族特色的“八仙”乐曲，还有丰富的民间传说等。由于长期与壮、汉等民族杂居共处，仡佬族现在的衣、食、住、婚姻、丧葬、节日等风俗习惯，已与邻近的壮、汉各族相近。仡佬族的主要节日有农历正月十四日的拜树节和农历八月十五日的祭祖节。

小资料

广西世居民族概述

汉代，“瓯”“骆”之名逐渐在文献史籍中消失，取而代之的是“乌浒”“俚”“僚”等不同的族称。“乌浒”“俚”“僚”都是对南方民族的泛称，他们和历史上的越人及近代的壮侗语各民族有着密切的渊源关系。乌浒、俚、僚都是越人的后裔，他们都有穿筒裙、凿齿、尚铜鼓、住干栏、行悬棺葬等相同的习俗，相互间的关系是极为密切的。

继瓯、骆之后，在以往瓯、骆人活动的地区，首先出现的是乌浒人。《后汉书·南蛮传》说，东汉建宁三年（170年），郁林太守谷永曾平定10多万乌浒人的反叛。东汉光和元年（178年），合浦一带的乌浒人又举兵反抗。这一地区过去曾是骆越人活动的地区，史书中没有提到骆越人何时从这里迁走，也没有提到乌浒人从何地迁来，显然，乌浒人和骆越人是有密切的历史渊源的。

“俚人”之名见于东汉时期，建武十二年（36年），汉王朝曾封“九真徼外”的里人首领张游为“归汉里居”。古代的“里”和“俚”是相通的，唐代李贤为《后汉书》作注说：“里，蛮之别号，今呼为俚人。”据《南州异物志》说：“俚在广州南，苍梧、郁林、合浦、宁浦（今广西横县）、高梁（今广东阳江一带）五郡皆有之，地方数千里。”而《太平寰宇记》则说：“贵州（今广西贵港）连山数百里，皆俚人，即乌浒蛮也。”

隋唐时期，“僚”的称呼在史籍中出现很多，分布也很广。《隋书·地理志》就说，俚、僚“岭南二十五郡，处处皆有之”，分布地域大致上包括了今天的广东、广西、湖南、四川、云南、贵州等省区。“僚”的名称也极为复杂，有“乌武僚”“蛮僚”“飞头僚”“凿齿僚”“花面僚”“山僚”“生僚”“葛僚”“仡僚”“佶僚”“夷僚”等。因此，这是一个迁徙多、分布广、变化大的复杂群体。

早在秦汉以前，骆越人就从事农田耕作了。《水经注》引《交州外城志》说：“交趾未立郡县之时，土地有雒田。其田随潮水上下，民垦食其田，因名雒民。”当时的耕作技术相当粗放，人们只会“烧草种田”，或“火耕水耨”。瓯、骆人的青铜冶铸业水平都很高，不仅能铸造一般的生产工具和精美的生活用具，而且能铸造大型的铜鼓、铜船、铜屋、铜马等。大约在春秋战国时期，瓯、骆人已进入了原始社会的末期，在骆越人中，出现了“雒王”“雒侯”“雒将”之类的大小首领；西瓯人也有“西呕（瓯）君”。秦始皇进军岭南时，西瓯君译吁宋曾率领其部属与秦军相对峙。西瓯君译吁宋死后，西瓯人又“相置桀骏以为将”，大败秦军于桂北，“伏尸流血数十万”。

秦始皇统一岭南后，大批汉族劳动人民迁来岭南“与越杂处”，大力传播汉族的经济文化和技术，使瓯、骆地区的经济文化得到了进一步发展。一些到瓯、骆地区任职的汉族官吏积极推行中原地区的封建制，对瓯、骆人的社会制度进行改革；建立学校，宣传封建的伦理道德，传播文化；把铁器和牛耕技术传给瓯、骆人；修建水利，灌溉农田。历经秦汉两代，在汉族经济文化的影响下，部分居住在交通要道和平地的瓯、骆人逐渐与汉族融合，而一部分居住在边远地区和迁入山区居住的瓯、骆人，依然保持其旧貌，这部分瓯、骆人后来逐步发展成为其他的少数民族。

斗转星移，沧海桑田，经过漫长的历史变迁，今广西境内逐步形成了12个世居民族，他们是壮族、汉族、瑶族、苗族、侗族、仫佬族、毛南族、回族、京族、彝族、水族、仡佬族。

第三章 广西各民族的分布概况

一、广西民族区划概况

广西是以壮族为自治民族，实行民族区域自治的自治区。1958年3月，广西僮族自治区成立（1965年10月改为广西壮族自治区）。此外，从1951年起，先后批准在广西各少数民族聚居地建立多个自治县：1951年建立龙胜各族联合自治区（县级，1955年8月改称“龙胜各族自治县”），1952年建立大瑶山瑶族自治区（县级，1955年改称“大瑶山瑶族自治县”，1966年6月改称“金秀瑶族自治县”）、大苗山苗族自治区（县级，1955年改称“大苗山苗族自治县”，1966年改称“融水苗族自治县”）和三江侗族自治区（县级，1955年改称“三江侗族自治县”），1953年建立隆林各族联合自治区（县级，1955年改称“隆林各族自治县”），1955年建立都安瑶族自治县，1956年建立巴马瑶族自治县，1984年建立富川瑶族自治县和罗城仫佬族自治县，1987年建立环江毛南族自治县和大化瑶族自治县，1990年建立恭城瑶族自治县。截至2015年底，广西壮族自治区的民族自治县数量为12个，还有3个县享有自治县待遇：瑶族群众聚居的凌云县，瑶族、苗族聚居的西林县，瑶族、苗族聚居的资源县。20世纪90年代末，广西壮族自治区有63个民族乡。到了21世纪初，广西壮族自治区按照当地民族聚居情况与发展需要，撤掉了东兰县2个民族乡，并随后将田林县的4个瑶族乡合并为2个瑶族乡，将凌云县的2个瑶族乡合并为1个瑶族乡。2013年12月26日，防城港市防城区十万山瑶族乡成立。截至2015年底，广西共有59个民族乡，瑶族乡占其中大部分，苗族乡次之，而回族乡、仫佬族乡、侗族乡则各有1个。各民族乡分布如下：

南宁市3个：马山县古寨瑶族乡、里当瑶族乡，上林县镇圩瑶族乡。

柳州市6个：三江侗族自治县富禄苗族乡、同乐苗族乡、高基瑶族乡，融水苗族自治县滚贝侗族乡、同练瑶族乡，柳城县古砦仫佬族乡。

桂林市15个：雁山区草坪回族乡，临桂区宛田瑶族乡、黄沙瑶族乡，兴安县华江瑶族乡，灵川县大境瑶族乡、兰田瑶族乡，全州县东山瑶族乡、蕉江瑶族乡，平乐县大发瑶族乡，资源县车田苗族乡、两水苗族乡、河口瑶族乡，灌阳县洞井瑶族乡、西山瑶族乡，荔浦县蒲芦瑶族乡。

防城港市2个：上思县南屏瑶族乡、防城区十万山瑶族乡。

梧州市2个：蒙山县夏宜瑶族乡、长坪瑶族乡。

贺州市5个：钟山县两安瑶族乡、花山瑶族乡，平桂区大平瑶族乡，八步区黄洞瑶族乡，昭平县仙回瑶族乡。

全州东山瑶族乡的瑶族同胞

百色市 13 个：右江区汪甸瑶族乡，田东县作登瑶族乡，凌云县伶站瑶族乡、朝里瑶族乡、沙里瑶族乡、玉洪瑶族乡，西林县普合苗族乡、那佐苗族乡、足别瑶族苗族乡，田林县潞城瑶族乡、利周瑶族乡、八渡瑶族乡、八桂瑶族乡。

河池市 11 个：环江毛南族自治县驯乐苗族乡，南丹县八圩瑶族乡、里湖瑶族乡、中堡苗族乡，天峨县八腊瑶族乡，凤山县平乐瑶族乡、江洲瑶族乡、金牙瑶族乡，东兰县三弄瑶族乡，宜州区北牙瑶族乡、福龙瑶族乡。

贵港市 2 个：平南县马练瑶族乡、国安瑶族乡。

环江驯乐苗族乡梯田

二、广西各民族的分布特点

居住在广西的各少数民族的分布情况是大分散、小聚居，从地理上看其分布范围广，而人数上在一些地方呈点状密集分布。广西各少数民族的分布有以下三个特点：

1. 各少数民族聚居和杂居、散居并存。广西各少数民族既有聚居在自治县、民族乡及单一村落，也有分散居住在其他地区，与其他少数民族杂居的情况。如：瑶族主要居住在金秀瑶族自治县、都安瑶族自治县、巴马瑶族自治县、富川瑶族自治县、大化瑶族自治县、恭城瑶族自治县，苗族主要居住在融水苗族自治县、隆林各族自治县、龙胜各族自治县，侗族主要居住在三江侗族自治县、龙胜各族自治县，仫佬族主要居住在罗城仫佬族自治县，毛南族主要居住在环江毛南族自治县。

除了12个世居民族，现居住在广西境内的少数民族成分还有40多个，这些少数民族中，人口较多的有上万人，较少的仅有几个人。

2. 少数民族多居住在边远山区。广西各少数民族多居住在边远山区，造成这种现象有三大原因：一是部分少数民族先祖就住在边远的山区，因为当地环境比较封闭，不同的人们共同体在这些地区发展为单一的民族，并长期保存自己的特点。二是过去中原地区是兵家争战之地，兵燹相迭，祸遍中原。这对经济和文化造成破坏，对各族人民的生活也造成很大的影响，因此许多少数民族就迁徙到边远山区生活。三是历代封建统治者奉行民族压迫政策，少数民族被迫迁居到偏僻地区。

3. 少数民族聚居区生活条件较差。广西各少数民族居住地区大多较为偏远，常年与外界隔绝，经济与交通较为落后。部分少数民族居住的地区群山环绕，道路不平，石漠化现象严重，土壤不适合耕种，自然灾害发生频率高，人民生活较为贫困。都安、大化、马山等地是广西贫困范围较大、脱贫较为困难的地区。这里的社会基础设施建设比较落后，恶劣的自然条件与落后的社会经济条件给当地人的生活、发展带来了很多不便。广西各级政府十分重视对少数民族的发展，投入了大量人力、财力、物力资源到都安、大化、马山等地开展基础设施建设工作，有效地解决了少数民族的贫困问题。

小资料

兴边富民基础设施建设大会战

位于广西边境线的东兴、防城、宁明、凭祥、龙州、大新、靖西、那坡8个县（市、区）是广西的边境地区。过去，这些边境地区较为偏僻，交通不便。2000年，广西壮族自治区人民政府投入20多亿元开展一场历时两年的边境基础设施建设大会战，从根本上改写了广西边境的历史，昔日封闭、落后的边境地区实现了村村通路、通电、通电视。边境8个县（市、区）涌动起前所未有的物流、人流、信息流。边境线上昔日破旧的茅草屋变成崭新的砖瓦房，20多个边贸市场沿边境线排开，新建的沿边三级公路横贯边境所有县（市、区）并联结成路网通向四面八方。“旧貌换新颜”成为广西边境地区的真实写照。

南（南宁）友（友谊关）高速公路

三、广西各民族分布状况的历史由来

广西各民族聚居和杂居、散居并存的分布状况是长期形成的，主要有以下原因：

一是战争、灾荒造成的人口大规模流动。一些民族进入到其他民族居住的地域生活，入乡随俗，世代沿袭，便成了当地的一个民族。这些民族大多聚族而居。

二是历代封建统治阶级组织屯田、驻防、戍边等活动，把汉族人口迁移到少数民族地区，或把少数民族人口迁移到汉族地区。

三是因为经济活动而发生的人口流动，包括移居他乡进行垦荒、开发、经商等活动。基于这类原因迁徙到广西的民族一开始是杂居状态，而后逐渐形成本民族的大村落。

四是少数民族因不堪忍受统治阶级的压迫剥削而离开故地，另谋生路，或反抗统治阶级失败后逃往他乡。因此，一些少数民族在逃离路上散居到其他少数民族地区。

当前，随着经济和社会的发展，各民族人口的流动越来越频繁，流动的区域也越来越大。不同的民族交错居住，有利于各民族互相了解，互相学习，团结互助，共同建设国家和创造美好的新生活。

四、广西 12 个世居民族分布概况

（一）壮族

壮族是一个历史悠久的民族，是广西的世居民族，在广西的少数民族中人数最多。广西壮族主要聚居在南宁、柳州、百色、河池、来宾、崇左 6 个市。其中靖西、那坡、德保、天等、大新、龙州、隆安、平果、田阳、田东、武鸣、上思、忻城、东兰、扶绥、凭祥、上林等地的壮族人口分别占当地总人口的 80% 以上。靖西市是全国壮族人口比例最高的市，其壮族人口比例在 99% 以上。

广西壮族的分布有两个特点：一是分布面广，基本上连成一片。城镇和农村、平原和山区、河谷和山谷都有分布。二是从桂东至桂西，壮族人口分布的密度逐渐加大。桂东和桂东北的一些县（市、区）的壮族人口只占当地总人口的百分之零点几到百分之五。在桂中的柳州市、来宾市

的一些县（市、区），壮族人口占当地总人口的55%左右。在桂西靠近越南边境一带的靖西、那坡、德保等地，壮族人口则占当地总人口的95%以上。

（二）汉族

汉族是广西人口最多的民族。汉族在广西分布较广，各大城市和多数城镇都有汉族分布，集中分布在广西的东部、南部、东南部和东北部的桂林、梧州、北海、钦州、贵港、玉林、贺州等市及其辖区内，地理上连成一片。另外，南宁、柳州等城市或部分县的县城，也是汉族集中居住之地。

广西汉族的分布在时间和空间上呈现一种不平衡的状态。由于汉族进入广西的历史悠久，迁入时间不一，迁入地点不断变化，又与当地少数民族长期共处，互相交流，所以广西汉族的分布状况较为复杂。从语言方面来划分，操不同语言的汉族居住区域如下：

操粤语的汉族主要分布于整个桂南、桂东南地区和南宁、崇左及左右江一带的县城集镇；操西南官话的汉族，主要分布于桂北地区及其他一些地区的县城；操客家话的汉族主要分布于陆川、柳江、柳城等地，并散布广西各地；操平话的汉族分布于北起灵川，南至凭祥，西至百色，东达灵山的广大地区之交通要道附近；操湘语的汉族主要分布于桂北的全州县、灌阳县、资源县和兴安县大部；操闽语的汉族主要分布于南流江沿岸的博白、陆川等地及西江上溯沿其支流到达贺州、平乐、桂平等地。

（三）瑶族

广西瑶族主要聚居在都安、巴马、金秀、富川、大化、恭城等瑶族自治县，其余分散在马山县古寨瑶族乡等40多个瑶族乡。大分散、小聚居是瑶族分布的特点。

广西瑶族人口在广西少数民族中仅次于壮族，分布在桂林、河池、贺州、百色、南宁、柳州、来宾等地区的瑶族人口占全自治区瑶族人口的90%以上。其中，都安、富川、恭城3个瑶族自治县的瑶族人口最多，金秀、巴马2个瑶族自治县以及马山、凌云两县次之，八步、平南、全州、融水、龙胜、南丹、钟山、平乐、田林、灌阳、荔浦、上林、蒙山、宜州、田东、凤山、平果、防城、临桂、东兰等县（自治县、市、区）也有部分瑶族人口居住。

（四）苗族

广西苗族主要分布在柳州、桂林、百色和河池市，这4个市的苗族人口约占全自治区苗族人口的95%。融水苗族自治县是苗族人口最集中的地区，其苗族人口约占广西苗族人口的33%。其余的苗族则散居在隆林、三江、西林、资源、龙胜、南丹等地。

（五）侗族

广西侗族主要分布在柳州、桂林、河池3个市，这3个市的侗族人口约占全自治区侗族人口的95%。三江、融水、龙胜等地是主要分布地区，其中三江侗族自治县是侗族人口最集中的聚居区，其侗族人口占广西侗族人口的54%左右。侗族人口分布的特点是大聚居、小分散。

（六）仫佬族

广西仫佬族主要分布在河池、柳州 2 个市，这 2 个市的仫佬族人口约占全自治区仫佬族人口的 91%。罗城仫佬族自治县是广西仫佬族人口最集中的聚居区，约有 10 万仫佬族人，其中有一半以上集中居住在东门、四把 2 个镇。柳城县古砦仫佬族乡也分布有部分仫佬族人口。

（七）毛南族

广西毛南族大多居住在河池市境内，其中环江毛南族自治县是毛南族居住最集中的地区。根据 2010 年第六次全国人口普查数据，环江毛南族自治县毛南族常住人口有 4 万多，占全自治区毛南族常住人口的66%。环江毛南族聚居地分为上南、中南、下南，俗称“三南”，有“毛南山乡”之称。

（八）回族

广西回族主要分布在桂林、柳州、南宁三市。回族多集中居住在平坝地区，或居住在交通方便的城镇。在城镇，回族多集中于几条街道居住。在农村，回族自成村落聚居。广西回族具有大分散、小集中的居住特点。

（九）京族

广西京族主要分布在防城港市，尤以东兴的沥尾、山心、巫头三岛为多。这里的京族人口占广西京族总人口的60%左右，其余则散布于三岛附近的潭吉、红坎、三德、贵明、江平以及竹山等地。

（十）彝族

广西彝族主要分布在隆林各族自治县的德峨、克长、者浪、岩茶4个乡镇的10多个村和那坡县城厢、百都等乡镇，约有3600人。其中那坡县有彝族约1000人，主要居住在达腊、念毕、者祥、坡报、坡康、达汪等村屯。

（十一）水族

广西境内的水族主要分布在融水、南丹、宜州等地，与周边的壮、汉、苗、侗、瑶等民族友好相处，共建家园。

（十二）仡佬族

广西仡佬族主要居住在隆林各族自治县的德峨、岩茶、者浪等乡镇，此外，与隆林接壤的西林县也有少量仡佬族聚居。

第四章

开放包容的广西各民族

一、广西各民族的交往

民族交往是社会交往中的一种特殊形式，指民族之间所有接触和互动关系的总称。具有共同自然条件的人类，通过和生产相联系的社会交往之后，便逐渐形成了民族。民族形成后，民族内部结构和民族之间的相互关系，也取决于民族内部交往和民族外部交往的发展程度。不仅各民族之间的相互关系取决于每一个民族的生产力、分工和内部交往的发展程度，而且一个民族本身的整个内部结构也取决于它的生产力以及内部和外部交往的发展程度。社会交往水平的提高及范围的扩大，标志着民族生产力的增强，从而引起社会分工的进一步发展。民族交往交流交融是中华民族自我完善发展的强大推力。从历史上看，我国各民族在交往中加深了解，在交流中取长补短，在交融中和谐共赢。

在广西，各民族的经济、文化交往是源远流长的。

一是经济交往。先秦时，广西先民即与中原地区有商务往来。汉代时，北部湾的合浦成为“海上丝绸之路”的始发港之一，这是广西历史上对外开放和商务贸易的盛举。汉代以来，大批因征战、任职或遭贬的官员或文人学士陆续来到广西，开放包容的广西人民以纯朴的情感与平和的心态接纳了他们，也为后世留下了伏波庙、读书岩、柳侯祠、东坡亭、海棠桥、山谷寺等文化遗迹。广西拥有良好的自然条件，既有传统的稻米、甘蔗等农产品，又有沙田柚、罗汉果等特色农产品。宋代名人范成大在《桂海虞衡志》一书中记载：“桂，南方奇木，上药也。桂林以桂名，地实不产，而出于宾、宜州。”书中没有记载作为花木的桂花树，而是记载古人向朝廷进贡的肉桂。药用的肉桂，是古代土官向皇帝进贡的珍贵之物。中华人民共和国成立后，广西少数民族地区逐步开放开发，与其他民族交换更多的农产品，并从其他民族那里换取一些生

柳州柳侯祠

活必需品。这种经济上互相补充、互相依存的兼容性，必然形成经济上的民族依存性，由此产生政治上的凝聚力。

二是文化交往。在长期的迁徙流动中，广西各族人民不断地和别的民族互相交往，互相联系，互相学习，进行文化交流，促进了民族团结，丰富了民族文化。以广西大瑶山为例，山内瑶族的自称都不相同：盘瑶自称“勉”，据说是从湖南入广西再进入大瑶山；山子瑶自称“金迪门”，据说是从广东入广西经平南进入大瑶山；坳瑶自称“坳标”，据说是从贵州入广西经百色、南宁进入大瑶山；茶山瑶自称“拉珈”，据说是从广东入广西经藤县、平南进入大瑶山；花蓝瑶自称“炯奈”，据说是从贵州入广西经柳州、象州进入大瑶山。费孝通先生认为：“这五种不同自称的人可能有不同的来源，或者说，他们很可能原来不是一个民族的人，进入这个山区之后才形成现在大瑶山的瑶族……大瑶山的瑶族就是由这些集团凝聚而成的一个民族共同体。”清光绪年间的《新宁州志》卷四记载，新宁州（今广西扶绥县），“本诸苗地，然遍询土人，其远祖自外来者，十之八九。初至多在城市，渐而散处四乡，与土民结婚，通声气。数传后，岩栖谷隐，习惯自然，人人得以壮、瑶目之矣。非瑶而瑶，非壮而壮，其居使之然也”。这是汉族和其他民族融入瑶族的事例。事实上，瑶族融入汉族的事例也不少。如民国时期的《凤山县志·人口》说，瑶族，“其与汉族比邻而居者，语言衣着，已渐与汉族同化，惟婚丧事，则仍保持其古习”。《清实录》之《高宗实录》卷一一二一记载，乾隆四十五年（1780年）十二月，“查该府（广西思恩府）事简民淳，所辖瑶、壮，与齐民无异。请删去苗疆字样”。各民族之间进行文化交流，互相交往，互相学习，使得中国各民族的发展既含有本民族的传统文化基因，又融入了外民族的优秀文化因素，“我中有你，你中有我”，从而使本民族得以繁荣壮大。

广西拥有灿烂的少数民族传统文化和自己独特的语言，民族体育项目主要有射弩、打陀螺、三人板鞋、高脚马、投绣球、上刀山、抢花灯、抢粽粑、竹连球、马革球、同顶、同填、同拼、抢花帽、飞爪球、背篓球、猎球、僚球、喇叭球等。这些都成为各民族之间交往的重要内容。拿语言来讲，广西各民族在说好本民族语言的同时，学用普通话，学写汉字，主动融入社会发展潮流当中，推进民族发展和各民族共同进步。

三是各族群众生活交往。各民族在衣食住行方面也都不同程度地相互吸收，相互促进。汉族的菜肴制作方法和以谷物为主的饮食结构，逐步被其他民族接受。同样，周边民族地区传来的烧酒制作技术等也被汉族充分利用并得到了发展，从而丰富了各自的饮食文化。中原地区砖瓦结构的建筑已被大部分的民族接受并付诸实施。抗战时期，广西地方政府与中国共产党合作，签订联合抗日纲领草案，出兵北上抗日，并先后接纳了全国近三分之二的著名文人和大批难民，桂林成为当时颇有影响的抗战文化城。中华人民共和国成立以来，广西各族人民亲如一家、团结和睦的事例俯拾皆是。在都安、大化的数十万移民人口搬迁中，环江的壮、毛南等民族群众慷慨让出祖传坡地 30 多万亩，安置瑶族等各族同胞 14 万多户 66 万多人。特别是近代以来，共同的历史命运使广西各族人民更加紧密地团结在一起。从太平天国运动到孙中山领导的钦州起义、镇南关起义，再到中国共产党领导的百色起义、龙州起义与抗日战争、解放战争，广西壮、汉、瑶、苗、侗等各族人民为了共同的利益而团结战斗。1851 年在广西爆发太平天国运动，有壮、瑶、回、苗、蒙古、彝、白、傣、哈尼、傈僳等少数民族人民与汉族人民一起参加了太平天国运动并进行斗争。其中有不少太平天国的著名人物就是少数民族，如西王萧朝贵和著名将领林凤翔、李开芳等都是壮族人。1929 年，百色起义中诞生的红七军是中国共产党领导的军队，是由壮、汉、瑶、苗等民族组成的“大家庭”。各族子弟兵为了保卫革命根据地，为了中国人民的解放事业浴血奋战，许多人壮烈牺牲。1931 年，日本军国主义发动对中国的侵略战争，中国人民进行了艰苦卓绝的十四年抗战。在这场关系中华民族生死存亡的战争中，广西各族群众与全国人民一道，在中国共产党倡导的抗日民族统一战线的旗帜下，万众一心，英勇奋战，八桂大地掀起抗日救亡的热潮。从桂北的壮乡瑶寨到南疆的海岛边关，从桂东南的富庶田园到桂西南的偏僻山村，到处都有少数民族民众自发成立的抗日武装组织：抗日游击队、妇女游击队、自卫军、自卫团、自卫队、抗日敢死队、义勇军、义勇队、抗日壮丁团、战工团、锄奸游击骨干队、民众战斗司令部、农民武装队、英勇抗日军和民军……广西的壮、瑶、苗、侗、仫佬、京、彝等 10 多个少数民族，都有群众自发组织起来的抗日武装。这些抗日武装组织同仇敌忾，与全国各族人民一起开展全民抗战。

广西各民族在历史交往中体现了开放包容的心态。1984 年以来，广西壮族自治区共举行了多次民族团结进步表彰活动。2008 年，自治区人民政府主席马飚感慨地说：“广西有民族团结的优良传统，各民族都很包容。少数民族与汉族、汉族与少数民族、少数民族与少数民族之间和睦相处，团结奋斗，促进了广西的繁荣发展。”各民族在发展过程中团结奋战。广西作为一个多民族聚居区，团结互助一直是广西民族关系的主流。2013 年，广西壮族自治区党委书记、自治区人大常委会主任彭清华在广西壮族自治区第七次民族团结进步表彰大会上表示，广西各部门必须充分认识做好新形势下民族工作的极端重要性，加大推进民族团结进步模范区建设，巩固和发展平等、团结、互助、和谐的社会主义民族关系。同时加快少数民族和民族地区发展，打牢各民族团结的物质基础；加快民族地区社会事业发展，让少数民族群众共享改革发展成果；维护民族关系团结和谐，促进各民族和睦相处、和衷共济、和谐发展。

二、开放包容的广西各民族

（一）和谐共处的广西各民族

在广西这片热土上，从古至今，都有不少外来民族不断迁入，他们与广西世居民族共同生活在这片土地上，交往交流交融，最终形成了今天的多民族聚居、杂居的格局。

先秦时期，广西的主要居民被称为“西瓯”“骆越”，他们是壮侗语民族的先民。公元前 214 年，秦始皇统一岭南，设桂林、南海、象郡三郡。秦始皇统一岭南后，中原汉族从桂东北迁入广西，与广西原有的民族杂居。隋唐至宋元时期，广西逐渐形成壮族、侗族、毛南族、仫佬族、水族。这一时期，瑶族、苗族、回族亦开始迁入广西。明清之时，不仅壮族、侗族、毛南族、仫佬族、水族等已基本完成了各自民族的历史过程，瑶族、苗族、回族在广西的分布也已相对稳定。

中华人民共和国成立后，经过民族识别，确认了壮族、瑶族、苗族、侗族、仫佬族、毛南族、回族、京族、彝族、水族、仡佬族 11 个世居少数民族。他们与汉族一起组成了广西社会主义民族大家庭，共同居住在这块热土上。在长期的历史发展进程中，广西各族人民共同劳动、共同生活，共同书写了各民族关系发展史，体现出各民族开放包容的民族性格。

随着我国工业化、城镇化的快速发展，越来越多的少数民族进入城镇，成为城镇流动人口，城市和散居地区的少数民族人口不断增加，民族分布和交往格局正在发生重大变化。在城镇社区，多民族聚居社区越来越多，多民族杂居现象越来越普遍。汉族与各少数民族、各少数民族相互之间杂居的现象十分普遍。这种大杂居、小聚居的杂居共处格局对促进广西民族关系友好发展具有重要的促进作用。如在南宁市，中心城区经历了长期的杂居过程，现在的居住格局呈现一种均匀的杂居状态，各民族之间的交往越来越密切。

（二）热情好客的广西各族人民

壮族是个热情好客的民族。壮族人民会热情招待每一位来到壮族村寨的客人，有的客人吃顿晚饭都会被邀请到几个家庭去吃。壮族招待客人必会备好酒，显示对客人的重视。壮族还有喝“交杯酒”的传统，但盛酒器是汤匙，而不是杯子。有客人来访，主人会竭力给客人安排好住宿。用餐时长者为先，一般上桌的菜让长辈先夹，晚辈后用。

用餐完毕要对长辈或客人说“慢吃”。

彝族人喜欢饮酒、吃“坨坨肉”。饮酒时席地而坐，围成圆圈，依次轮流喝，俗称喝“转转酒”。逢年过节，彝族姑娘还会抱出一坛酒，插上几根麦秆，放在家门口的路边上，供来往过客饮用，叫作喝“秆秆酒”。这充分体现了彝族人民热情好客的民族性格。

桂北地区的壮村、侗屯、瑶乡、苗寨，打油茶为敬客的礼节之一。在广西，恭城油茶较为有名，当地的瑶族、汉族都喜好这一美食。恭城油茶的制作工具、选料、制法、喝法都非常独特。制作工具主要是一口小铁锅和一把小木槌。小铁锅锅口很小，约同大汤碗碗口大小。小木槌灵巧又别致，作为敲打之用。油茶有祛寒湿、提神、饱腹之功能。恭城人喜好油茶，一为祛寒防病，二示热情好客。

打碗油茶给客人

（三）相互交融的广西民族文化

根据古籍记载，夏、商及西周时期，广西各民族就已经与中原汉族群众有过各方面的交流。在漫长的历史发展过程中，许多原籍非广西的汉族因各种原因迁移到广西，其中也不乏各领域的知名人士，如颜延之、柳宗元、苏轼、徐霞客、康有为等都曾经长期客居广西。这些人从中原地区带来了先进文化，对广西的经济、社会、文化发展起到了积极的促进作用。不仅如此，广西的民俗文化当中还包括随着客家移民而来的客家文化、随着湖北移民而来的荆楚文化、随着广东移民而来的西方文化等，这些文化在互动、交融的过程中，形成了广西文化的独特性。

广西的 12 个世居民族，各自有着独特的文化背景以及文化传统，各个少数民族在杂居、聚居的过程中，彼此的文化相互适应、交流、交融，形成了深刻而有内涵的民族文化。虽然广西各个民族都有属于自己的语言，有些民族语言甚至有十几种不同的方言，但由于各个民族彼此的互动与交流非常频繁，各民族的语言会带有一些非本民族语言的色彩。中华人民共和国成立之后，各个民族之间的互动与交流水平远胜往昔，少数民族群众能够说一口流利汉语的情况比在中华人民共和国成立前更为常见。由于在当地生活与工作所需，能够说当地少数民族语言的汉族人也不断增多。广西本地民族的文化与其他民族的文化、传统文化与现代文化在互动过程中实现了交流与交融，形成了积极向上的优秀文化。

广西有非常丰富的文化资源。既有让我们热血澎湃的红色文化，也有魅力独特的民族文化；既有中越边境的异域风情文化，也有在桂北山区形成的民族文化，更有孕育于北部湾的海洋文化。诸多类型的文化，证明了广西在多民族杂居的同时包容了多种不同的民族文化。而恰恰也

柳州柳侯祠中的柳宗元像

是由于广西的文化氛围如此包容、文化类型如此丰富，才会培养出广西各族群众海纳百川、有容乃大的文化性格。从大型桂林山水实景演出《印象·刘三姐》中，观众可以发现，原本仅仅属于壮族歌仙形象的刘三姐，成了壮、瑶、苗、侗等民族共同的歌仙形象。这种原本的单一民族文化通过交流学习得到发展并催生更优秀文化产品的例子，在广西不胜枚举。同时，广西在电影、文学、话剧、书法等多个领域齐头并进，使得各方再一次见证了广西的文化软实力。

在桂林、柳州两城被认定为中国历史文化名城后，北海也赢得了中国历史文化名城的头衔。这也向各方展示，广西不仅仅能够在大山区孕育原生态民族文化，还能够在北部湾的滨海地区孕育海洋文化。原生态的渔歌与豪迈的海号子和声、葫芦丝与唢呐齐鸣，展现了广西多元文化的优势与特点。南宁国际民歌艺术节则是广西文化在市场开发上的一大力作，也是广西多元文化的标志，更是广西文化展现的重要平台。

（四）平等、团结、互助、和谐的广西民族关系

平等、团结、互助、和谐作为我国民族关系的基本内涵和基本特征，四者相互联系、相互依存，是不可分割的整体。平等，是各民族在一切权利上的平等，各民族在事实上的平等。互助，是民族关系和谐的动力。各民族共同团结奋斗、共同繁荣发展是通过互助实现的。民族间的互助关系是指各民族在平等、团结的基础上为了各民族的共同发展、共同繁荣而取长补短、互相支持、互相帮助的关系。它本质上反映的是各族人民在地位、利益、意识和感情等方面的一种社会关系。互助关系的基础是平等，保障是团结，目标是各民族在平等、团结的基础上携手并肩，共同努力实现各民族的共同繁荣，实现社会的和谐发展。互助是民族关系充满活力的表现，其特点是各民族之间互动关系的日益密切和相互依存。广西各民族间的互助传统有着非常悠久的历史，各民族人民在经济等各方面互为补充，相互依存发展。

历史上，广西少数民族群众在其社会内部自发形成了一整套互帮互助、自力救济的制度，包括生活上的互助、生产上的互助、社会弱势群体救助制度等。这些制度极大地增强了社会保障的职能。它使得少数民族在极端艰苦的自然条件之中，依然保持良好的社会秩序和生机勃勃的生产方式。在建设社会主义新农村时期，在大力发展农村社会保障的政策下，广西少数民族的互助制度理应得到充分的发掘，并在构建农村社会保障机制中焕发新的生命力。

小资料

隆林壮、苗民族互助

2010年，隆林各族自治县发生了大旱灾，各族人民在抗旱救灾中团结互助，共同抵御灾害。克长乡后寨村是个壮、苗民族杂居的村寨，两个民族的语言和风俗各有不同，平时较少沟通。但在此次旱灾发生时，全村苗族和壮族的党员干部团结一致，相互帮助，四处为群众找水源。持续的旱灾，使他们靠得更近了，心也连得更紧了。如今，后寨村的壮、苗族群众更加团结互助，他们说："只要大家齐心协力，灾害其实并不可怕。"

（五）各民族之间的婚姻互通

各民族通婚是广西民族关系友好与包容的重要体现。然而，广西的多民族通婚并非一直如此，在相对封闭的少数民族地区，经历过相当长的互不通婚时期。过去，广西一些多民族杂居的地方，一些民族要求本民族的青年只能在本民族内通婚。

中华人民共和国成立后，随着我国一系列关于民族和谐、民族平等政策的出台，各民族之间在各个层面的交流也开始变得频繁，经济、社会、文化都有不同程度的发展，形成了各民族互相尊重、互惠互利的良好局面，改善了民族关系，民族交往变得友爱和谐。在这一背景下，不同民族之间的通婚也就越来越多。在今天，无论是某一个民族聚居的地方还是多民族杂居的地方，不同民族之间通婚已经成为常态。各民族之间的婚姻互通，展现了广西良好的民族关系与开放的民族心态。

（六）唱响民族歌曲，喜迎四海宾客——开放包容的南宁国际民歌艺术节

始办于1993年的广西国际民歌节，由南宁、柳州、桂林、北海等区内城市轮流举办，1999年更名为南宁国际民歌艺术节后，举办地固定在南宁。南宁国际民歌艺术节由南宁市政府主办，是一个以文化为基础，发展旅游、经济、贸易等综合事业的大型综合节庆活动，每年举办一届。1999年11月，第一届南宁国际民歌艺术节成功举办，该艺术节包括“大地飞歌”晚会、中国民族服饰博览会、广西民族风情展演等系列文化活动。南宁国际民歌艺术节由此成为国际知名的文化活动。南宁国际民歌艺术节以独特的民族风情、国际化的市场运作方式

南宁国际民歌艺术节现场

与现代化的艺术表现形式，得到了社会各界的一致称赞。

南宁国际民歌艺术节的举办是为了大力弘扬与传承民族传统优秀文化艺术，促进各民族之间的文化交流与发展。参加民歌艺术节的有来自国内外的知名艺术家，他们为南宁国际民歌艺术节增添了风采。南宁国际民歌艺术节节目类型丰富，既有民族文化节目，也有时装大赛、旅游美食节、广西山歌擂台赛、经贸洽谈会等。南宁国际民歌艺术节的举办，受到了国内外专家学者和公众的肯定、喜爱，有利于继承与弘扬民族优秀传统文化艺术。

2008 年，广西举办第十届南宁国际民歌艺术节。新华社对此发表评论：从“文艺晚会 + 广场活动”的单一模式发展为由 30 多个国家和地区的艺术家共同搭建的艺术舞台，南宁国际民歌艺术节走过了 10 年曲折的探索之路。艺术与经济的共生共荣现象凸显其中，经济助推艺术，艺术的繁荣又“反哺”经济，助推经济发展。南宁国际民歌艺术节所显现出的包容胸怀，让中外客商对南宁这座城市产生了认同感，城市魅力倍增。南宁国际民歌艺术节被誉为中国三大国际性音乐节之一。截至 2015 年，南宁国际民歌艺术节已举办 17 届。南宁被称为“天下民歌眷恋的地方”和“中国民歌之都”。第 17 届南宁国际民歌艺术节将国际化、民族化、本土化有机结合，举办了“大地飞歌 · 2015”晚会、南宁国际民歌艺术节 16 年经典民歌音乐会、“风情东南亚”晚会、中国–东盟（南宁）戏剧周、南宁市第六届乡村社区和谐文艺大展演活动、“绿城歌台”群众文化活动、首府南宁舞台艺术精品剧目月月演、“21 世纪海上丝路 · 魅力北部湾”2015 年“春雨工程”全国文化志愿者边疆行（南宁）暨第七届广西“魅力北部湾”系列群众文化活动等 8 项主题活动。以“情牵丝路 · 大地飞歌”为主题，推新人、出新歌，服务国家“一带一路”的发展大局。激情唱响千年丝路上的中国民歌、世界民歌，打造“情动天下的盛大歌圩、乐动天下的民族歌海、浪漫多彩的海上丝路”三大篇章，反映新丝路的开放、融合、创新、交流。此外，南宁还举办中国-东盟粤曲大赛，通过南宁的文化纽带作用和平台效应，促进中国与东盟国家的戏剧文化交流。

（七）多方合作，加快区域经济发展——开放包容的中国-东盟博览会

中国-东盟博览会是由中国和东盟十国经贸主管部门及东盟秘书处共同主办，广西壮族自治区人民政府承办的国家级、国际性经贸交流盛会，每年在广西南宁举办。

2004 年以来，南宁已多次成功举办中国-东盟博览会，同期多次成功举办了中国-东盟商务与投资峰会。中国-东盟博览会以“促进中国-东盟自由贸易区建设，共享合作与发展机遇”为宗旨，围绕《中国与

中国-东盟博览会会址

东盟全面经济合作框架协议》，以双向互利为原则，以自由贸易区内的经贸合作为重点，面向全球开放，涵盖商品贸易、投资合作和服务贸易三大内容，为各国商家共同发展提供新的机遇，是中国与东盟扩大商贸合作的新平台。

三、广西精神——开放包容

2011 年，在广西壮族自治区第十次党代会上，自治区党委首次提出了“团结和谐、爱国奉献、开放包容、创新争先”的广西精神。

开放包容是广西精神的鲜明特质。开放的民族文化孕育了广西开放包容的精神品格。多姿多彩的地域文化呈现出广西民族文化的多元性，为铸就广西各族人民开放包容的精神提供了思想基础和物质条件。广西各民族在语言上的互动增进了民族之间的深厚感情，体现了各民族相互包容的心态。广西在地域上沿海沿边沿江，长期以来，不封闭、不保守、不狭隘，各民族之间相互学习、取长补短，博采众长、择善而从，善于学习全国兄弟省份的长处，善于借鉴全国各地的先进经验，善于吸取世界文明的优秀成果。特别是改革开放以来，广西以开放的胸怀，熔铸四方文化精华，促进了自身的发展。随着改革开放的不断深入，广西独特的区位优势凸显。中国-东盟自由贸易区建成，中国-东盟博览会“落户”南宁，南宁成为“天下民歌眷恋的地方”，更是加大了广西的开放力度，展示了广西自信豁达的姿态、天下一家的情怀和海纳百川的胸襟。开放包容是对广西地域特点、区位优势、历史发展和民族性格的高度概括，体现了广西精神的区域特征、人文特征。

兼容并蓄的包容精神是广西各民族的共同性格特征。各民族在漫长的历史岁月中形成了博大精深的民族文化，多姿多彩的民族风情，呈现出多民族、多类型、多层次的文化相互依存的局面，孕育了广西兼容并蓄的包容精神。

广西包容精神的又一亮点体现在各民族之间的婚姻互通上，这不仅是亲缘与血缘的结合，更是心理与文化的交融。

开放包容已经成为广西各族人民的一种生活方式和思维方式，成为广西各族人民特有的品质和文化自觉。今天，广西各族人民树立了强烈的开放意识、包容意识，也越来越体会到开放包容对广西发展的重要性。在实现富民强桂新跨越的新征程中，广西各族人民要以更加开放包容的胸襟向先进地区学习，以更加开放包容的姿态接受外来新鲜事物，积极吸纳一切有利于广西经济社会发展的思想成果、文化成果、科技成果。尊重差异，包容多样，让一切聪明才智和发展因素竞相迸发，让一切创造财富的源泉充分涌流，进一步展现新时期广西各族人民海纳百川、开放包容的良好形象。开放包容已成为广西各族人民自觉的民族意识。这种自觉的民族意识越来越成为广西各族人民增进凝聚力和向心力、推动发展的力量源泉。广西各族人民越来越把开放包容的精神融入日常的学习和工作中，内化为自身的价值观念，外化为实际行动。

第五章

民族区域自治制度解读

中国是56个民族共同缔造的统一的多民族国家。民族区域自治是中国共产党运用马克思列宁主义解决我国民族问题的基本政策，是国家的一项基本政治制度。实行民族区域自治，对发挥各族人民当家做主的积极性，发展平等、团结、互助的社会主义民族关系，巩固国家的统一，促进民族自治地方和全国社会主义建设事业的发展，都起了巨大的作用。

一、民族区域自治的相关概念

民族区域自治是在国家统一领导下，各少数民族聚居的地方实行区域自治，设立自治机关，行使自治权。民族区域自治包括自治地方、自治机关和自治权利三个组成部分。

民族自治地方是指少数民族在本民族聚居区建立的构成一级国家行政区域的自治单位。我国的民族自治地方，按其行政地位分为自治区、自治州、自治县（旗）三级。各民族区域自治地方都是中华人民共和国不可分离的部分。

民族乡不属于民族自治地方，但民族乡可以依据法律的规定，结合本民族的具体情况和民族特点，因地制宜地发展经济、文化、教育和卫生等事业，是民族区域自治制度的一种必要补充。

民族自治机关是指在民族自治地方的国家政权机关，即自治区、自治州、自治县的人民代表大会和人民政府。民族自治机关既行使地方国家机关的职权，同时又依法行使自治权，根据本地方实际情况贯彻执行国家的法律、政策。

民族区域自治地方的人民代表大会及其常委会、人民政府在组成方面与一般行政区域的地方国家权力机关和人民政府不同，有其民族特点和要求：

1. 民族自治地方的人民代表大会中，除实行区域自治的民族代表外，其他居住在本行政区域内的民族也应当有适当名额的代表。

2. 民族自治地方的人民代表大会常务委员会中应当有实行区域自治的民族的公民担任主任或者副主任。

3. 自治区主席、自治州州长、自治县县长由实行区域自治的民族的公民担任。

4. 民族自治地方的人民政府的其他组成人员和自治机关所属工作部门的干部中，应合理配备实行区域自治的民族和其他少数民族的人员。

民族自治权利是民族区域自治的核心内容，即少数民族人民在本民族自治地方管理该民族地区事务的权利。依据《中华人民共和国宪法》和《中华人民共和国民族区域自治法》，实行民族区域自治的少数民族依法建立自治机关，行使自治权，这一权利包括：民族自治地方的人民代表大会有权制定自治条例和单行条例；民族自治地方的自治机关有权管理地方财政，自主地安排使用属于自治地方的财政收入；自治机关有权自主地安排和管理地方性的经济建设事业；经国务院批准，自治机关可以组织本地方维护社会治安的公安部队；自治机关执行职务时使用当地通用的一种或几种语言文字。

二、民族区域自治制度的形成和发展

（一）中国共产党探索民族区域自治的历程

我国实行民族区域自治经历了一个长期探索和实践的过程。从承认民族自决权到民族区域自治在中国的确立，经历了27年漫长的历程。这个过程大体可分为三个阶段。

第一阶段：1922年7月至1936年5月。这一时期，党的民族纲领承认民族自决权，主张建立联邦制国家。

1922年7月，《中国共产党第二次全国代表大会宣言》提出：统一中国本部（东三省在内）建立一个真正民主共和国；蒙古、西藏、回疆实行自治，成为民主自治邦；用自由联邦制，统一中国本部、蒙古、西藏、回疆，建立中华联邦共和国。这是我党提出的第一个解决国内民族问题的纲领，也是第一次明确提出以联邦制解决国内的民族问题。

1923年6月，中国共产党第三次全国代表大会在广州召开。这次会议在民族问题上强调："西藏、蒙古、新疆、青海等地和中国本部的关系由各该地民族自决。"可见，中国共产党在这一时期对实行联邦制没有明确地提出质疑，同时更加强调民族自决权。

第二阶段：1936年5月到1945年9月。这一时期，党的民族纲领由主张联邦制变为以主张民族区域自治为主，主张各少数民族在共同反对日本帝国主义的前提下，有自己管理自己事务之权。但没有放弃联邦制的主张。

1938年9月，毛泽东在党的六届六中全会上所做的题为《论新阶段》报告中指出："允许蒙、藏、苗、瑶、彝、番各民族与汉族有平等权利，在共同对日原则之下，有自己管理自己事务之权，同时与汉族联合建立统一的国家。”

1941年5月，陕甘宁边区政府颁布的《陕甘宁边区施政纲领》规定：“依据民族平等原则，实行蒙、回民族与汉族在政治、经济、文化上的平等权利，建立蒙、回民族的自治区……”但1945年6月，中国共产党第七次全国代表大会通过的党章总纲中仍有“新民主主义联邦共和国”的提法。

第三阶段：1945年9月至1949年9月。这一时期，中国共产党已基本不再提民族自决的原则，取而代之的是承认中国境内各少数民族有平等权利和自治权利，逐渐主张在少数民族区域可以建立少数民族自治区。

抗日战争胜利后，蒋介石发动全面内战。少数民族地区特别是内蒙古人民的解放斗争较早地提到议事日程。1945年10月，中共中央关于内蒙古的工作方针指示：对内蒙古的基本方针，在目前是实行区域自治。1947年5月，内蒙古自治区在炮火中诞生。

1949年9月29日，中国人民政治协商会议第一届全体会议通过的《中国人民政治协商会议共同纲领》明确规定：“各少数民族聚居的地区，应实行民族区域自治，按照民族聚居的人口多少和区域大小，分别建立各种民族自治机关。”至此，民族区域自治载入起临时宪法作用的共同纲领，实现了由党的民族政策到国家基本制度的转变，标志着民族区域自治作为国家的基本政治制度在我国已经确立。

（二）民族区域自治制度在我国的实施

中华人民共和国成立后，根据《中国人民政治协商会议共同纲领》，党和政府在全国普遍推行民族区域自治。逐步完成内蒙古区域的统一，并相继成立了新疆、广西、宁夏、西藏4个自治区和一大批自治州、自治县（旗）。

民族区域自治制度在我国的实施过程，大体可分为三个阶段：

第一阶段：1949年9月至1954年9月。这是民族区域自治制度和法律的初创时期，成立了一大批相当于专区、县和区、乡的民族自治地方，极大地调动了少数民族当家做主的积极性和爱国热情。这一时期成立的民族自治地方有青海玉树藏族自治区（后来改为青海玉树藏族自治州）、吉林延边朝鲜族自治区（后来改为吉林延边朝鲜族自治州）、四川凉山彝族自治区（后来改为四川凉山彝族自治州）、广西大苗山苗族自治区（后来改为融水苗族自治县）、广西三江侗族自治区（后来改为三江侗族自治县）等。1952年8月，颁布了《中华人民共和国民族区域自治实施纲要》。

第二阶段：1954年9月到1984年5月。这是民族区域自治制度和法律曲折发展时期。

1954年9月，民族区域自治制度载入《中华人民共和国宪法》。1978年12月，党的十一届三中全会后，党的民族区域自治政策得到重申，民族区域自治法制建设开始起步，特别是1982年宪法对民族区域自治做了比较完备的规定，民族区域自治的实施进入了良好发展的时期。

第三阶段：1984年5月至今。这是民族区域自治制度和法律健全和完善时期。1984年5月31日，第六届全国人大二次会议通过《中华人民共和国民族区域自治法》，决定于同年10月1日起施行。这部法律是中华人民共和国成立以来第一部关于民族区域自治的专门法律，它的制定是我国民族区域自治制度和法律建设的一个伟大成就，标志着我国民族区域自治制度进入了新的发展时期。

1991 年 12 月 8 日，国务院发出《关于进一步贯彻实施〈中华人民共和国民族区域自治法〉若干问题的通知》。

1997 年党的十五大政治报告中，民族区域自治制度与人民代表大会制度和共产党领导的多党合作、政治协商制度一起被作为我国的三项民主政治制度提出来。

2001 年 2 月 28 日，第九届全国人大常委会第二十次会议通过了《中华人民共和国民族区域自治法》修正案，把民族区域自治制度正式确认为国家的一项基本政治制度。这是新形势下，坚持和完善民族区域自治制度的重大举措，是民族区域自治制度发展史上重要的里程碑。

2005 年 5 月 31 日，《国务院实施〈中华人民共和国民族区域自治法〉若干规定》正式实施。这是《中华人民共和国民族区域自治法》颁布实施以来，国务院制定的实施该法的第一部行政法规，是我国社会主义民主和法制建设的一项重要成果。它的颁布实施，对加快少数民族地区经济和社会事业发展，巩固我国各民族的大团结，构建社会主义和谐社会，具有重大的现实意义和深远的历史意义。

目前，依据宪法和相关法律，我国共建立了 155 个民族自治地方，包括 5 个自治区、30 个自治州、120 个自治县（旗）。此外，还建立了 1100 多个民族乡。截至 2014 年 9 月底，民族自治地方共制定现行有效的自治条例和单行条例 780 多部。

小资料

龙胜各族自治县举行成立60周年庆祝大会

2011年11月21日，龙胜各族自治县成立60周年庆祝大会在县城北岸新建成的民族体育中心隆重举行。数千名身着盛装的苗、瑶、侗、壮等各族群众载歌载舞，喜迎属于自己的节日。

龙胜各族自治县是我国中南地区最早实行民族自治的县，也是中华人民共和国第一批批准成立的5个少数民族自治县之一。60年来，龙胜的各项事业在上级部门的大力支持和帮助下得到了很大的发展。庆祝大会当日，国家民族事务委员会办公厅副主任黄耀萍在致辞中说，龙胜60年的发展历程，充分体现了党的民族政策英明正确，体现了我国民族区域自治制度的巨大优越性，体现了各民族共同团结奋斗、共同繁荣发展的时代风貌。黄耀萍指出，龙胜各族自治县有丰富的自然资源和灿烂的民族文化，有各民族团结互助的优良传统。我们相信，勤劳、智慧的龙胜各族干部群众，将紧紧抓住国家西部大开发、广西建设民族团结进步模范区的契机，着力推进经济社会又好又快发展，谱写民族团结新篇章。

三、民族区域自治制度的中国特色

（一）民族区域自治制度是马克思主义在中国的合理运用

马克思主义在解决民族问题的基本途径、方式上提出了民族自决、联邦制、民族区域自治等三种形式。一个国家要采取什么制度和政策解决民族问题，应当根据该国的历史条件和民族问题的具体情况与特点来确定。中国共产党结合中国国情，把民族区域自治作为解决我国统一的多民族国家民族问题的一项基本政治制度。这样既保证了社会主义国家的集中统一，又保证了少数民族在其聚居地方实行民族区域自治，享有政治、经济和文化等方面的平等地位和平等权利，成功地处理了中央与地方、集中与民主的关系，使马列主义关于建立民主集中的统一多民族国家的学说在中国得以实现。

（二）民族区域自治制度是历史因素和现实因素的结合

从历史发展看，自秦汉以来，我国就形成了统一的多民族的中央集权国家，决定了中华民族多元一体的发展形式。历代封建王朝对一些少数民族聚居的地方实行有别于汉族地区的政策，即在中央王朝的统一领导下，由少数民族的首领管理少数民族地方。维护国家统一和民族团结，已是中国几千年来的优良传统。

从各民族人口及其分布情况来看，汉族人口占全国总人口的绝大多数，少数民族人口只占全国总人口的 8.4%，而各少数民族的人口比重也相差悬殊。各民族人口大分散、小聚居，交错居住，即使在少数民族相对比较集中的地区，也都有几个甚至十几个民族交错居住。长期交错居住的关系，形成了各民族合作互助的民族关系。从民族关系来看，在长期中央集权的统一国家里，各民族在政治、经济、文化上形成了密切联系。特别是 1840 年鸦片战争以后，中国沦为半殖民地半封建的国家，各族人民长期遭到帝国主义、封建主义和官僚资本主义的压迫，有着共同的命运。各族人民在中国共产党的领导下经过长期共同的革命斗争，取得了民主革命的胜利，实现了各民族的解放，各民族之间结成了谁也离不开谁、荣辱与共的血肉关系。中华人民共和国成立后，实行国家统一领导下的民族区域自治制度，既充分尊重我国多民族国家发展的历史传统，又正确反映了我国现实国情的客观要求。

（三）民族区域自治制度是民族区域自治和国家统一领导的结合

民族区域自治是国家统一领导下的自治。以国家统一和领土完整为前提，以少数民族聚居区为基础，我国各少数民族是在统一的国家领土上实行的区域自治，各民族自治地方都是中国不可分离的部分，是国家统一领导下的地方行政区域。民族自治地方的自治机关享有各项自治权利，必须保证在中央的统一领导下行使自治权。同时，民族自治地方的自治机关必须维护国家的统一，保证宪法和法律在本地方的遵守和执行。

（四）民族自治地方的建立灵活、多样

自治地方的民族成分构成有多种类型：有以一个少数民族的聚居区为基础单独建立的自治地方，如广西壮族自治区、西藏自治区、宁夏回族自治区、四川省凉山彝族自治州等；有以一个大的少数民族聚

居区为基础建立的自治地方，又包括一个或几个人口较少的少数民族的自治地方，如新疆维吾尔自治区，它又包括哈萨克族、蒙古族、柯尔克孜族等自治州；还有以两个或两个以上少数民族的聚居区为基础联合建立的自治地方，如广西龙胜各族自治县、云南省德宏傣族景颇族自治州、贵州省黔南布依族苗族自治州、青海省海西蒙古族藏族自治州等。

为适应我国各民族大分散、小聚居，交错聚居的情况，我国自治地方的建立又有很大的灵活性和多样性。有些民族在一个地区建立了自治区，又在别的地区单独建立或与其他民族联合建立一个或几个自治州、自治县，如蒙古族、回族、藏族、壮族。有的民族只建立了一个自治区，而没有其他自治地方，如维吾尔族。有些民族建有单独的自治州，又在别的地区建有自治县，或与其他民族联合建有自治州、自治县，如苗族、土家族。有的民族只有一个自治州，如柯尔克孜族。有的民族在几个省建立了多个自治县，如满族单独建立或与其他民族联合建立了12个自治县。有些民族只有一个自治县，如鄂伦春、鄂温克、东乡、裕固、土、撒拉、畲、独龙等民族。

（五）民族自治机关享有自治权利

根据《中华人民共和国宪法》和《中华人民共和国民族区域自治法》的有关规定，民族自治机关的自治权主要包括：

1. 民族自治地方的人民代表大会有权依照当地民族的政治、经济和文化特点，制定自治条例和单行条例。

2. 上级国家机关的决议、决定、命令和指示，如有不适合民族自治地方实际情况的，自治机关可以报经该上级国家机关批准，变通执行或者停止执行。

3. 民族自治地方的自治机关在执行职务的时候，依照本民族自治地方自治条例的规定，使用当地通用的一种或者几种语言文字。

4. 根据社会主义建设的需要，采取各种措施从当地民族中大量培养各级干部，各种科学技术、经营管理等专业人才和技术工人，充分发挥他们的作用，并且注意在少数民族妇女中培养各级干部和各种专业技术人才。

5. 依照国家的军事制度和当地的实际需要，经国务院批准，可以组织本地方维护社会治安的公安部队。

6. 在国家计划的指导下，根据本地方的特点和需要，制定经济建设的方针、政策和计划，自主地安排和管理地方性的经济建设事业。

7. 在坚持社会主义原则的前提下，根据法律规定和本地方经济发展的特点，合理调整生产关系和经济结构，努力发展社会主义市场经济。

8. 根据法律规定，确定本地方内草场和森林的所有权和使用权。

9. 依照法律规定和国家的统一规划，管理和保护本地方的自然资源，对可以由本地方开发的自然资源，优先合理开发利用。

10. 在国家计划的指导下，根据本地方的财力、物力和其他具体条件，自主地安排地方基本建设项目。

11. 自主地管理隶属于本地方的企业、事业。

12. 依照国家规定，可以开展对外经济贸易活动，经国务院批准，可以开辟对外贸易口岸。

13. 有管理地方财政的自治权。凡是依照国家财政体制属于民族自治地方的财政收入，都应当由民族自治地方的自治机关自主地安排使用。

14. 对本地方的各项开支标准、定员、定额，根据国家规定的原则，结合本地方的实际情况，可以制定补充规定和具体办法。

15. 在执行国家税法的时候，除应由国家统一审批的减免税收项目以外，对属于地方财政收入的某些需要从税收上加以照顾和鼓励的项目，可以实行减税或者免税。

16. 根据本地方经济和社会发展的需要，可以依照法律规定设立地方商业银行和城乡信用合作组织。

17. 根据国家的教育方针，依照法律规定，决定本地方的教育规划，各级各类学校的设置、学制、办学形式、教学内容、教学用语和招生办法。

18. 自主地发展民族教育，扫除文盲，举办各类学校，普及九年义务教育，采取多种形式发展普通高级中等教育和中等职业技术教育，根据条件和需要发展高等教育，培养各少数民族专业人才。

19. 自主地发展具有民族形式和民族特点的文学、艺术、新闻、出版、广播、电影、电视等民族文化事业，加大对文化事业的投入，加强文化设施建设，加快各项文化事业的发展。

20. 自主地决定本地方的科学技术发展规划，普及科学技术知识。

21. 自主地决定本地方的医疗卫生事业的发展规划，发展现代医药和民族传统医药。

22. 自主地发展体育事业，开展民族传统体育活动，增强各族人民的体质。

23. 积极开展和其他地方的教育、科学技术、文化艺术、卫生、体育等方面的交流和协作。

24. 根据法律规定，制定管理流动人口的办法。

25. 实行计划生育和优生优育，提高各民族人口素质。根据法律法规，结合本地方的实际情况，制定实行计划生育的办法。

26. 保护和改善生活环境和生态环境，防治污染和其他公害，实现人口、资源和环境的协调发展。

民族区域自治地方的自治权涵盖了政治、经济、文化等方面的内容。

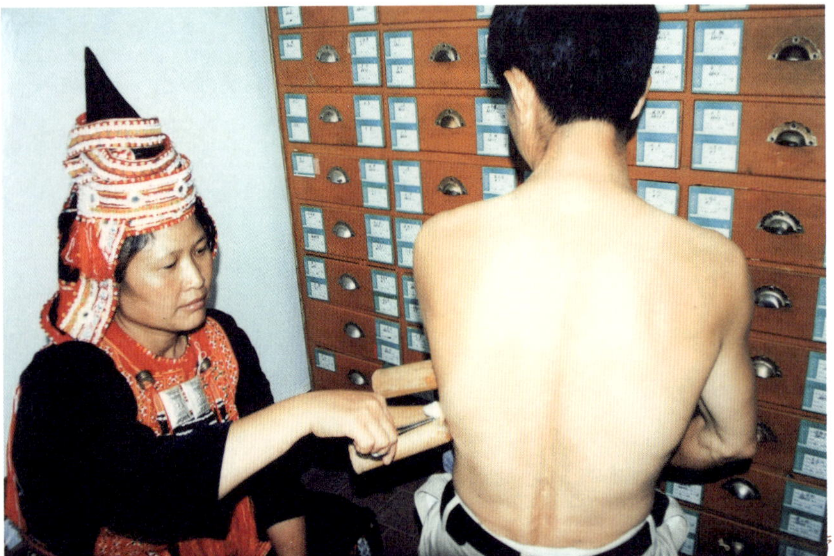

瑶医为患者治疗

仫佬族打竹球

四、民族区域自治制度在广西

（一）民族自治地方的建立

中华人民共和国成立之初，广西就在龙胜进行建立民族自治地方的试点工作，1951 年 8 月 19 日龙胜各族联合自治区（后来改称“龙胜各族自治县”）成立，这是广西诞生的第一个民族自治区（县级），也是中南地区第一个成立的民族自治区（县级）。同年，广西还建立了蒙山县岭祖瑶民自治区（后归入金秀瑶族自治县）、全县东山瑶民自治区（后来改为全州东山瑶族乡）2 个县级自治区和 7 个乡级自治区。

1952 年 12 月，桂西壮族自治区人民政府发布《桂西壮族自治区人民政府成立宣告》，宣布自治区人民政府成立。1956 年 3 月，桂西僮族自治区改为桂西僮族自治州。

1957年7月，第一届全国人民代表大会第四次会议批准国务院总理周恩来提出的议案，撤销广西省建制，成立广西僮族自治区。1958年3月5日，广西僮族自治区第一届人民代表大会第一次会议在南宁举行，宣布广西僮族自治区成立。1965年10月12日，经国务院批准，广西僮族自治区更名为广西壮族自治区。

但随后的一系列政治运动严重破坏了广西民族区域自治的健康发展。中共十一届三中全会后，特别是《中华人民共和国民族区域自治法》颁布实施后，广西的民族区域自治工作才得以恢复。

（二）民族区域自治制度惠泽广西

广西自实施民族区域自治政策以来，在经济、社会、文化等方面都取得了巨大的成就，各民族间平等、团结、互助、合作、和谐的局面进一步稳固，民族区域自治也在实践中得到大发展。

一是少数民族当家做主，行使自治权。自治权是民族区域自治制度的核心，是少数民族人民当家做主、自己管理本民族内部事务的主要标志。《中华人民共和国宪法》和《中华人民共和国民族区域自治法》赋予了民族自治地方相应的自治权，民族区域自治地方的少数民族通过自治机关行使自治权，实现当家做主。人民代表大会是国家权力机关，为了保障实行区域自治的少数民族对自治权的有效行使，《中华人民共和国民族区域自治法》特别规定："民族自治地方的人民代表大会常务委员会中应当有实行区域自治的民族的公民担任主任或副主任"，"自治区主席、自治州州长、自治县县长由实行区域自治的民族的公民担任。自治区、自治州、自治县人民政府的其他组成人员，应当合理配备实行区域自治的民族和其他少数民族的人员"。

从 1958 年 3 月 5 日广西壮族自治区第一届人民代表大会第一次会议召开至今，广西已选举产生十几届人大代表，由广西各民族组成的代表们依法行使了人民代表大会的各项职权，审议了自治区的诸多重大事项。依据《中华人民共和国宪法》和《中华人民共和国民族区域自治法》的规定，各级民族自治地方的人民代表大会和人民政府在行使地方国家机关职权的同时，还行使立法权、变通执行或者停止执行权、经济发展权、财政权、少数民族干部培养使用权、发展教育和民族文化权、语言文字使用和发展权以及科技文化发展权等。

广西 12 个自治县的自治条例已经全部制定完成并颁布施行，为促进民族地区经济发展、民族团结和社会进步提供了法律保障。

二是加快广西经济发展，改善人民生活。1978 年，广西的地区生产总值仅为 75.85 亿元。在民族区域自治政策的助力下，2015 年广西的地区生产总值超过 16800 亿元，城镇居民人均可支配收入和农民人均纯收入分别超过 26400 元和 9400 元。广西壮族自治区统计局数据显示：2017 年广西的地区生产总值为 20396.25 亿元，首次突破 2 万亿元。

为了尽快缩小少数民族与汉族、民族地区与发达地区的差距，20 世纪 90 年代特别是 2000 年以来，自治区党委、政府采取超常措施和非常手段，以集中财力打歼灭战的方式开展包括兴边富民行动等在内的民族地区基础设施建设大会战，总投资近 200 亿元，涉及交通、水利、人畜饮水、文化、教育、科技、卫生、通信、广播电视等一系列经济社会发展方面的项目。这一系列建设工程，从根本上改变了边远山区、边境地区、少数民族聚居区的基础设施和人民群众的生产生活条件，极大地缩小了少数民族地区与发达地区的差距，让少数民族群众充分享受到改革发展的成果。

改革开放以来，中央投放到广西的扶贫资金越来越多。从 2010 年起，广西农村贫困人口不断减少，扶贫工作不断取得新的成效。

广西是中国对接东盟的前沿和窗口，随着中国-东盟自由贸易区建立工作的启动，从 2004 年起，中国-东盟博览会每年在广西南宁举行。2008 年 1 月，国务院批准实施《广西北部湾经济区发展规划》，5 月又批准设立钦州保税港区。2014 年，《珠江—西江经济带发展规划》获国务院批复同意。2016 年初，自治区人民政府印发实施《广西实施大湄公河次区域（GMS）经济合作规划行动计划（2016—2017）》。2016 年，国务院印发《关于支持沿边重点地区开发开放若干政策措施的意见》，广西东兴重点开发开放试验区成为国家重点开发开放试验区，广西凭祥铁路口岸和广西东兴、爱店、友谊关、水口、龙邦、平孟公路口岸成为沿边国家级口岸，广西东兴市、凭祥市被列为边境城市，广西东兴边境经济合作区、凭祥边境经济合作区被列为边境经济合作区。一系列前所未有的重大机遇使广西步入了经济发展的快车道。

三是培养少数民族干部，教育事业稳步发展。少数民族干部的培养和使用是民族区域自治制度的关键。广西坚持树立民族人才优先的观念，将少数民族人才干部的培养置于重要位置，引导各级各类民族干部不断开拓进取，奋勇争先。广西的少数民族干部多年来集中培训，挂职锻炼，深入基层，在投身急、难、险、重的工作实践中丰富阅历，成长壮大。一大批少数民族干部陆续走上各级领导岗位。少数民族干部已经成为广西改革、发展和稳定的重要力量，在促进自治区经济社会发展、维护民族团结等方面发挥了重要作用。

广西民族大学是培养民族干部的摇篮。中华人民共和国成立初期，为了全面贯彻落实党的民族政策，中共广西省委、省政府决定开办一所专门培养民族干部的学校。1952 年 3 月 19 日，中央民族学院（现中央民族大学）广西分院在南宁成立，正式招生办学。1958 年，广西壮族自治区成立，学校改名为广西民族学院，2006 年更名为广西民族大学。至 2016 年，广西民族大学已走过 60 多个春秋，为国家和民族地区输送了大量人才。

四是民族团结和谐，“民族关系”成为广西民众最满意的社会发展指标。广西是中国少数民族人口最多的地区，生活着壮、瑶、苗、侗等 11 个世居少数民族。广西壮族自治区成立以来，各民族和谐相处，关系友好，共同繁荣发展，谱写了一曲民族团结进步的和谐乐章。

从 1999 年开始，广西社会科学院每年都会开展“公众舆论与社会热点调查”。2014 年，广西社会科学院在南宁、梧州、北海、来宾等多个自治区内的市县随机采集了 1400 多份样本，针对社会风气以及民族关系等与广西社会发展有重大联系的问题进行问卷调查。调查结果显示，多达 67% 的受调查者表示，他们对广西的民族关系非常满意，而这也使得“民族关系”连续 16 年获得公众社会满意度最高。

五是少数民族传统文化受保护，民族文化事业大发展。在经济发展的基础上，国家帮助少数民族保护和发展自己的传统文化。各个民族都依法享有使用和发展自己的语言文字的自由，传统风俗习惯、文化艺术、宗教信仰受到尊重。广西各少数民族都拥有灿烂的民族文化、悠久的民族传统，对于民族文化和民族传统，一方面是继承保护，另一方面是开发利用。既尊重民族的古老习俗，又加快民族融入现代化的步伐，以此推动各少数民族的长远发展。

广西的 12 个世居民族，除回族使用居住地的汉语方言外，其他 11 个民族均有自己的民族语言，壮族、彝族、侗族、水族、苗族、京族等有自己的古文字。

南丹瑶族男子打铜鼓

南丹瑶族妇女色彩绚烂的百褶裙

广西南丹县的白裤瑶至今仍保留特有的文化面貌和自然古朴的生活方式。为了让白裤瑶文化不至于消失，广西在政府主导、当地民众参与的情况下建立了白裤瑶生态博物馆，对白裤瑶的民族传统加以保护，同时通过“文化记忆工程”，对白裤瑶的日常生活、文化活动进行全方面记录。这样的民族生态博物馆广西现在已有10个。

壮族的嘹歌激昂多情，苗族的节庆欢快热烈，京族的独弦琴源远流长……八桂文化，绚丽多彩。广西积极利用民族特色文化，推进文化产业的开发与利用，“文化致富工程”成效明显，《印象·刘三姐》《一声所爱·大地飞歌》等一批文化品牌享誉全国。

京族姑娘弹奏独弦琴

第六章

广西各民族的传统习俗

一、广西民族传统节日

风情八桂，百节之乡。广西每年有大大小小300多个节庆，有些节庆与全国一致，有些是广西本地或一些民族所独有的。广西的12个世居民族，都有其非常独特的传统节庆活动。

（一）壮族三月三歌圩

壮族三月三歌圩是壮族的传统歌节，每年农历三月初三举行。歌

广西壮族绣球

圩，壮语叫“窝埠坡”“双龙垌”，意为到田间或岩洞外唱歌。歌圩分日歌圩和夜歌圩。在广西的壮族聚居区，农历三月初三前家家都会准备五色糯米饭和彩蛋。绣球是姑娘们在节前赶制的工艺品，球上连着一条带子，下坠丝穗和装饰的珠子，象征着纯洁的爱情。歌圩日，小伙子和姑娘们都穿上节日盛装，男携礼物，女揣绣球，成群结队前往圩场。有的抬着刘三姐像绕行歌圩场地一圈，才开始对歌；有的则由姑娘们搭起五彩绣棚，待小伙子到来，边对歌边审度对方的人品、才华。歌圩的文娱活动很丰富，有抢花炮、演壮戏、耍杂技、舞彩龙、舞彩凤、唱桂剧等，整个壮族山乡沉浸在节日的气氛中。在壮族人口占总人口 87% 的武鸣，从 1985 年起就在城区举办壮族三月三歌圩。每年农历三月初三那天，灵水湖畔、西江河沿岸、明秀园、城区街道上人山人海，歌声荡漾，热闹非凡。由三月三歌圩发展而成的南宁国际民歌艺术节是国际性的民族文化艺术交流的盛会，每年的金秋时节，南宁成为群星荟萃的欢乐海洋。

隆林各族自治县岩茶乡北路壮剧演员

（二）宾阳炮龙节

宾阳炮龙节于每年农历正月在南宁市宾阳县举行，至今已有上千年的悠久历史，往往有数十万人参加，场面宏大，震耳欲聋。2008 年 6 月，宾阳炮龙节入选第二批国家级非物质文化遗产名录。炮龙节是一项颇有震撼力的节庆活动，舞龙者头戴藤帽，身系腰带，赤膊上阵，任由鞭炮在身边爆炸。炮助龙兴，龙凭炮威。一串串电光爆竹，惊天动地轰响，为“巨龙”助威助兴。数十条“巨龙”不时高昂起头，向天空喷射出团团火焰。炮龙摇摆翻腾，和光彩夺目的大金珠相互辉映。

宾阳炮龙节热烈的场面

炮龙每到一家，每家都事先备足爆竹夹道欢迎。炮龙所到之处，人头攒动，鼓乐助兴，鞭炮齐鸣，焰火缤纷，热闹非凡。炮龙举舞一般连续一昼夜，也可连续两昼夜。节日期间万人空巷，鞭炮轰鸣，烟气冲天，爆竹所发光亮映红全城。所舞的炮龙长30—40米，活动包括开光、抢珠、炸龙等环节。

（三）瑶族盘王节

盘王节又称“还盘王愿”“祖公愿”等，是瑶族人民纪念祖先盘瓠（盘王）的盛大传统节日。每年农历十月十六日举行。海内外的瑶族同胞都十分重视这一民族祀典。盘王节历史悠久，早在晋代就有活动记载。经过长期的发展变化，盘王节演变成祭祖、娱神、乐人兼有的民间节日，

盘王节活动场面

并被列入国家级非物质文化遗产名录。盘王节期间，瑶族男女老少穿上自己民族的节日盛装，聚集在一起唱歌、跳舞，欢度盘王节。盘王节中表现瑶族文化精粹的歌舞分别有歌颂其祖先创世、迁徙、耕作、狩猎的《盘王歌》和表现其生产生活的《长鼓舞》等。节日期间还举办物资交流、商品展销及各项文体表演竞技活动，观者云集，盛况空前。在瑶族聚居较多的恭城、富川、金秀等瑶族自治县，人们会举行隆重的盘王节活动，参加人数一般都超过万人。

（四）苗族芦笙斗马节

芦笙斗马是苗族系列坡会群中最重要的活动内容，是苗族同胞最喜爱的民间传统活动，是国家级非物质文化遗产之一。融水苗族自治县是全国闻名的“芦笙斗马之乡”和“百节之乡”。

苗族斗马

在融水苗族每年一度的芦笙斗马节期间，来自大苗山的苗族群众齐聚山坡、广场。在为期两天的活动中，苗族群众通过举行祭祀仪式、跳芦笙舞、唱踩堂歌、斗马等来庆祝自己的传统佳节。融水苗族芦笙斗马是中国民族传统文化活动项目之一。相传五六百年前，一位漂亮、聪慧的苗族姑娘，引来了无数求婚者。她家的门槛被众多托媒提亲者踩平了，姑娘的父母还是没能定下人选，于是，就由女儿定夺。姑娘想出一计，采取斗马决胜的方式选择了如意郎君。经过几百年的演变，芦笙斗马逐渐变成了今天广大苗族群众情有独钟的文化娱乐活动。芦笙斗马活动在每年的系列坡会时举行，参加人数少则几千人，多则几万人。

融水苗族芦笙舞

（五）侗族多耶节

“多耶”是侗语音译，意思是“踏歌而舞”。侗族民间也把多耶称为“团歌”“踩堂歌”。多耶是侗族的传统民歌形式之一，也是侗族大型的集体舞，以欢乐、友谊、安定、团结为永恒的主题，传达平等、和谐的愿望。广西三江的侗族多耶被誉为中国最古老的超级歌舞接力赛。

三江侗族自治县的侗乡山寨，从每年农历八月中旬起，就呈现一派节日气氛。农历大年初一到十五，是多耶的黄金季节。多耶可以在寨子内举行，也可以去别的寨子举行。在多耶开始之前，人们总会猜

侗族大型多耶舞表演

侗族斗牛

测会有什么样的客人前来对歌。年长的老歌手，召集村子里擅长唱歌的姑娘，少的十几人，多则二十几人，通宵达旦地练歌，决心战胜对手，为全村人争光。多耶节内容丰富多彩，有“婄更”（侗语“美女”的意思）选美大赛、超级牛王争霸赛、“大歌飞扬”民族风情歌舞等。侗族多耶节的重头戏——侗乡斗牛，是三江侗族的传统节目，迄今已有800多年的历史。斗牛场上，“牛王”相见，分外眼红，“超级牛王”轮番竞斗，阵阵尘土扬起，卵石纷飞，场面激烈，惊心动魄。起源于春秋战国时期的侗族大歌，是一种多声部、无指挥、无伴奏、自然和声的民间合唱形式。2009年，侗族大歌正式入选联合国《人类非物质文化遗产代表作名录》。

（六）仫佬族依饭节

依饭节是仫佬族祭祖、祭神及庆祝丰收，保护人畜平安的传统节日之一。“依饭”是仫佬语音译，意思是庆丰收、保人畜平安。过去每隔三年在宗祠内或族人家里做一次依饭，目的是还祖先愿，故又名“敬

罗城仫佬族庆祝依饭节场景

依饭公爷”。每逢依饭节来临，全村收拾得干净整齐，各家要备鸡和鹅，包粽子，蒸糯米饭，制作“红薯芋头牛”，准备颗粒饱满的糯谷穗，并用红线扎成一束。一方面可招待亲朋好友，另一方面是准备祭品到依饭道场参加公祭。在广西罗城，各地仫佬族过节的时间略有不同。依饭节的祭神仪式有请圣（启坛）、点牲、劝圣（敬神）、唱神、合兵、送圣。之后把“红薯芋头牛”、谷穗分给各家，即宣告依饭节结束。

（七）毛南族分龙节

分龙节又叫“五月庙节”，是环江毛南族一年一度特有的盛大的

环江毛南族庆祝分龙节场景

传统节日，也是毛南族祈神保佑丰收的传统节日。分龙节于夏至后的第一个辰日（龙日）前后举行，节日活动一般持续三天。传说龙是管雨水的，毛南族人认为在龙日前后祭拜它，可以求其均匀降雨以获得一年的好收成。节日第一天，请法师在三界庙念经祭神。第二天，毛南族人要“椎杀”一头公牛，用牛头、牛尾、牛脚、牛内脏祭龙，祭时有法师喃经。牛肉可分给参加祭祀仪式的人们拿到市场上卖，收入作为节日费用。第三天，各户自拜祖先、三界公、土地娘娘等，祈求神灵保佑五谷丰登，并给牛休息一天。节日期间，各村寨的人们纷纷走亲访友，年轻人盛装互邀对歌。如今，庙祭和“椎牛”不再举行，但各家祭拜祖先、亲友往来和对歌依旧举行，此外，还有盛大的舞狮舞龙、打球等文体活动。

（八）回族开斋节

开斋节是回族的重要节日。每年回历九月（公历6月左右），除老、弱、病、残、孕妇、乳母、儿童之外，回族群众都要斋戒一个月。在斋月（回历九月）的第二十九天傍晚如看到新月牙升起，第二天（回历十月初一）即为开斋节，如果未见新月牙，开斋节就顺延一日，第

桂林回族群众庆祝开斋节

三天为开斋节。开斋节那天，回族群众一大早起来，先把家中、社区打扫干净，然后自己沐浴盛装，集体到清真寺去举行会礼。会礼后，互相祝贺，走亲访友。此外，回族还有圣纪节和古尔邦节等传统节日。

（九）京族哈节

哈节是京族人民最隆重、最热闹的传统节日。“哈”，京语即唱歌之意，哈节就是歌节。哈节的具体日期因地而异。防城港东兴市的金滩沿海京族聚居地，节期分别在农历六月初十（沥尾岛京族哈节时间）、八月初一（巫头岛京族哈节时间）、八月初十（山心岛京族哈节时间）、正月二十五日（红坎村京族哈节时间），活动一般持续三天三夜。各村的哈亭是节日活动的中心。哈亭位于村边，以上乘木料建成，坚固美观。哈亭正堂设有神台，上供全村共同敬奉的神位如“镇海大王”等和祖先牌位。哈节活动可分为四个程序：首先是迎神，其次是祭神，再次是唱哈，最后是送神。唱哈是哈节的高潮，所用的时间最长。

京族哈节活动之一——迎海神

（十）彝族跳弓节

跳弓节亦称“跳公节”，彝语称为“嘈契”，意为跳弓舞。跳弓节也称“孔稿”，意为快快乐乐，祈祷祝福。跳弓节是居住在那坡县广西和云南交界地区的彝族人民一年之中最隆重的节日。各个村屯过节的具体日期虽不相同，但一般都在每年农历四月中上旬举行。跳弓节的活动内容丰富多彩，以祭神和歌舞为主，整个节日活动要举行三天才结束。第一天，先祭祀祖先和天地众神。祭神后，人们集中到村寨的坪坝跳集体舞，一直持续到第二天。第二天晚上，人们又到各家各户去跳，互祝和平生活。在两天的跳舞过程中，还不时穿插具有特定内容和民族特色的表演活动。第三天是做“三朝”，主题是上坡祭山。祭山结束后，来参加节日活动的客人要立即离去，否则便被视为不友好。等客人走完，全村男女凡能干活的都要于当天下地干一门活，表示人勤神佑，当年定将获得好收成。

那坡彝族庆祝跳弓节

（十一）水族端节

融水水族过端节的祭品

端节是水族最盛大的节日，就像汉族的春节。端节，水语叫作“瓜节”，也称为“借端”和“吃端”，是水族人民辞旧迎新、祭祀祖先、庆贺丰收和预祝新的一年幸福美满的传统节日。水族人过端节不是在同一时间大家一起过，而是分期分批轮流吃端。广西水族居住相对分散，吃端的日子大都自己选定。南丹的水族过端节，选择在农历九月初九，即水历的正月初九；宜州的水族过端节，则选在农历八月十五，即水历的十二月十五。节日前夕，水族人民舂新米，酿新酒，缝新装，筹备各色食品，以备祭祖待客之用。祭祖是水族过端节最重要的活动，分别在“除夕”（水历）和“大年初一”（水历）清晨进行。“除夕”，人们将铜鼓或大皮鼓悬于庭中，尽情敲击，以示辞旧迎新。“大年初一”凌晨，各家设素席，摆上新糯粑、新米饭、新米酒、豆腐、笋干、南瓜、花生、水果、糖等。祭品依例要戒荤食，唯独鱼不在禁用之列，因为水族民间有“无鱼不成年”的说法。

（十二）仫佬族吃新节

每年夏收前后，田地里的稻谷成熟了，仫佬族人都要举行一次别有韵味的“尝新”活动。吃新节是广西仫佬族和部分苗族、瑶族、壮族喜庆丰收的传统节日，是仫佬族一年中最隆重的节日。夏收较早的村寨多在农历七月的第一个辰（龙）日或戌（狗）日举行，夏收较迟的村寨则在农历八月间的巳（蛇）日举行，因此有“七吃龙”“八吃蛇”之说。“吃新”即尝新米，当天除准备好鸡鸭鱼肉外，各家还到地里摘一些新谷，去壳后煮熟，祭神和祖先后全家才能开餐，具体的过节形式各地稍有不同。

隆林仡佬族吃新节庆五谷丰收

二、广西城镇民族饮食习俗

（一）香猪美味成最爱

广西香猪是桂西北地区环江、巴马等地的著名特产，是自然繁殖的稀有珍贵微型猪种，具有体形矮小、毛黑油亮、肉质香嫩等特点，个大的体重可达35千克左右，当地群众又称之为“冬瓜猪”“芭蕉猪”或“两头乌”。环江香猪和巴马香猪先后获得了“地理标志产品”资格。广西香猪不仅肉嫩味美，而且营养成分独具一格，卵磷脂、谷氨酸等多种营养元素含量丰富，有多吃不腻、清甜浓香、原汁原味、回味无穷、百食不厌等优点，是宴席上的珍馐，其以独特的鲜香风味而饮誉大江南北。

（二）长寿要吃火麻菜

火麻是生长在巴马、凤山、东兰等桂西北地区的桑科植物，春种秋收，其子粒与胡椒子粒相似。火麻的亚油酸、亚麻酸含量较高，味道清香，人体易吸收，能降低胆固醇，润燥滑肠，防治动脉硬化、高血压、冠心病等疾病，所以火麻也被人们称为“长寿菜”。用火麻子粒榨出的火麻油也是一种长寿油。火麻的吃法很多，可用来煮粥、做菜、熬汤，无须放油且耗盐少。巴马瑶族的火麻吃法别具一格：将火麻仁磨碎或舂碎，人工过滤后，与各类蔬菜一起混煮，菜味清香，油而不腻。这道菜今天叫作“火麻汤”，在巴马当地十分常见。煮汤时，将过滤后的火麻浆倒入水中，水开后，放入青菜。放青菜时不要搅拌，尽可能让火麻糊粘住菜叶，以免火麻糊沉淀到锅底而导致火麻汤变稀。火麻浆煮熟后呈乳白色，食之有蛋白的口感。火麻浆浓度越高，火麻汤就越浓，可配以酸菜，吃起来清香爽口。

收火麻

（三）米粉吃出三大派

广西的三大派米粉，指的是南宁老友粉、柳州螺蛳粉和桂林米粉。

1.南宁老友粉。老友粉把酸和辣巧妙地结合在一起，故又叫“酸辣粉”。老友粉可以算是南宁较受欢迎的独特地方风味小吃之一，酸、

南宁老友粉

辣、咸、香兼备，食之具有祛风散寒、通窍开胃之功效。老友粉的由来还有一个故事：相传在20世纪30年代，南宁码头有一家米粉店，因其实惠，每天都吸引很多人光顾。一日，店主得知常往来的一位老朋友因生病卧床，于是用精制米粉佐以爆香的酸笋、蒜末、肉末、豆豉、辣椒、胡椒粉等，煮成热米粉一碗，送到老朋友的床边。老朋友吃后出了一身汗，病状减轻，最后竟然不药而愈了，老朋友对店主感激不尽。于是这碗米粉引出的佳话在南宁码头及老城一带流传，渐渐传遍广西的其他地方，这就有了著名的南宁老友粉。

2. 柳州螺蛳粉。螺蛳粉是广西著名的风味小吃。螺蛳粉的味美是因为它有着独特的汤料。这汤料是用螺蛳肉配上八角、丁香等13种天然香料制作而成，吃起来油足汤辣，最好的是在汤上面能看见红红的辣椒油。做螺蛳粉的米粉有两种，一种为切粉，另一种为圆粉。螺蛳粉的特色在于配的螺蛳肉。最好将螺蛳肉加上一些其他的肉一同绞碎，拌入香料、老抽、味精，再配以少量的糖、醋等。吃前先把米粉置开水中烫一下，捞起后加入上述菜料及螺汤。这种螺蛳粉既鲜香又有螺味，若加点辣酱，更是爽口提神。

3. 桂林米粉。产生于兴安的桂林米粉以其独特的风味远近闻名。相传在秦始皇为统一岭南而开凿灵渠时，为迎合来自北方秦军将士的口味，人们将米粉做成面条状。桂林米粉做工考究，先将上好的大米磨成浆，装袋滤干，揉成粉团煮熟后压榨成圆柱状或片状即成。圆柱状的称“圆粉”，片状的称“切粉”，通称“米粉”，其特点是洁白、细嫩、软滑、爽口。桂林米粉吃法多样，最讲究的是卤水的制作，其工艺各家有异。卤水大致以猪骨或牛骨、罗汉果和其他各式作料熬煮而成，香味浓郁。卤水的用料和做法不同，米粉的风味也不同，主要分为卤菜粉、原汤粉、马肉米粉等。卤菜粉是桂林人最常吃的，但最有特色的还数马肉米粉。通常一两米粉要用5个以上特制的小碗来盛，

制作桂林米粉

桂林米粉

配以马肉汤和新鲜马肉，非常可口。一个人要是吃了十几碗甚至几十碗，小碗就会堆成一摞，别有一番情趣。

（四）饭前瓜子先上台

广西人喜欢嗑瓜子，尤其喜爱嗑红瓜子。广西各地的许多酒楼、大排档，店主往往在招待客人入座时，都喜欢送上热茶和瓜子。一是表示诚意和热情，二是在客人点菜时磨合一下用餐的气氛。一般来说，饭前所上的瓜子有红瓜子、白瓜子、绿瓜子等。各地摆放各地的特产瓜子，如贺州的红瓜子、百色的白瓜子。逢年过节，摆放的瓜子品种就更丰富一些。

（五）人们喜欢吃野菜

广西是一个生态大省（自治区）和农业大省（自治区），各地大量的山地、坡地、丘陵地都盛产不同品种的野菜。随着人们生活水

当归叶

平的提高和饮食结构的改变，食用野菜就成为一种时尚。野菜口感特别，其“绿色”“无污染”“纯天然”成为广西人爱吃的原因。在野菜上市最多的春季，各种野菜就被摆在了菜市场的醒目位置。苦菜、蕨菜、荠菜、马齿苋、鱼腥草、一点红、当归叶、野茼蒿、藤三七等，品种众多，颇受欢迎。由于野菜几乎不受化肥、农药的污染，天然健康，而且风味独特，自然也成为各大餐馆的招牌菜和老百姓餐桌上的美味。尤其是在广西各大景区及其周边的酒楼餐馆，野菜更是必不可少的菜肴。广西一些景区如八桂田园、广西药用植物园等，还有专门的野菜馆和野菜宴。

（六）沙虫

沙虫又叫“沙肠虫”，是生活在海边沙滩里的一种小动物，它的形状很像一根肠子，呈长筒状，长约 10 厘米。沙虫盛产于广西北部湾的防城港、钦州、北海等沿海区域。沙虫对环境要求极高，只有在平缓

沙虫料理

沙泥夹杂的海滩才能生存，对水质要求也极高，一旦海水被污染或水质略有改变，沙虫便会大批死亡或逃离。所以，这种在环保程度较高的海滩出产的沙虫，自然就成了当地一些人的美食。沙虫味道鲜美，口感脆嫩，含丰富的蛋白质及磷、铁等营养成分，有滋阴降火、清肺补虚之功效，药用价值和食疗价值较高，可谓是老少皆宜的滋补佳品。经加工而成的干沙虫营养丰富，味道鲜香独特，可炒、煎或者做汤。在广西的北部湾海域，沙虫产量较大、品质较好的是防城港的企沙镇和北海营盘镇一带的海滩。

（七）路边豆腐焖鲶鱼

不知从何时起，“豆腐焖鲶鱼”就成了遍布广西城乡道路的路边名菜了，甚至许多路边店干脆就用这一菜名来做店铺的招牌，如“某某鲶鱼店”“某某兄弟鲶鱼”“某某正宗鲶鱼”等，最多的是“灵马鲶鱼”。这道菜在广西中南部地区的城乡路边餐馆最为常见，在高速公路服务区的餐馆也有，而且许多店做这道菜的味道都不错，吸引着许多来来往往的顾客。奇怪的是，这一路边名菜，在城区内的酒楼往往不多见，而大家也往往觉得在路边店的味道更好些，也更实惠些。

（八）荔浦芋头名在外

有“皇室贡品”之称的荔浦芋是广西荔浦市主要的传统农产品，电视连续剧《宰相刘罗锅》播出后，荔浦芋头更是家喻户晓。荔浦芋属天南星科，又叫“槟榔芋”。在荔浦市特殊的地理和自然条件下，受环境小气候的影响，逐渐形成集色、香、味于一体的地方名特优产品——荔浦芋，品质远胜于其他地方所产的芋头。荔浦芋以其个头大、芋肉粉白、肉质松软、气味清香而著称。荔浦芋肉质细腻，风味特殊，营养丰富，含有精蛋白、淀粉、多种维生素和无机盐等营养成分，具有健脾、利湿、解毒、止痒的功效，既是制作点心、佳肴的上乘原料，又是滋补的营养佳品。荔浦芋头作为广西的贡品进贡皇家，在清乾隆年间达到了极盛，深受皇亲国戚的喜爱。

荔浦芋头的吃法多样。把芋头切成薄片，油炸后与五花猪肉一起做成红烧芋头扣肉，其风味独特，肉不腻口，是宴会上的一道佳肴。将芋头煮熟剥皮，加上猪油、白糖、少量奶粉，压成奶芋，味道甘香软甜。芋头和鱼肉、鸡肉、冬笋、香菇等烹制，则香酥爽口。由于荔浦芋淀粉含量高，具有特殊香味，可加工成香芋粉等数十种食品。这些产品深受国内外消费者的青睐。

（九）妹见“酸”走不开

所谓“酸嘢”就是酸品，类似韩国泡菜，是广西南部地区当地白话的一种叫法，实际上是众多蔬果酸脆品的统称，如南宁“酸嘢”就是南宁酸品。“酸嘢”是以当地所产的各种水果或蔬菜为原料，用传统方法腌制而成的。南宁“酸嘢”是广西“酸嘢”中品种较多、口味较好的。“酸嘢”具有消暑、消食的作用，令人垂涎，深受女性朋友尤其是年轻姑娘的青睐。不管是在街头巷尾，还是在景点景区，只要有卖酸萝卜、酸芒果、酸黄瓜、酸菠萝、酸藠头、酸菜头等“酸嘢”的摊档，如果不吃上几串，姑娘们往往难以走得开，所以南宁就有“姑娘难过‘酸嘢’摊”的说法。

酸藠头

（十）街头凉茶卖品牌

凉茶并不是真的茶，而是用中草药熬制的汤。这些凉茶大多具有清凉解暑、去火解毒、清肝润肺、利尿解酒等功效，甚至可以预防感冒。但体质偏寒凉的人不宜多饮，孕妇及儿童也不宜饮用。梧州因常年温暖多雨而湿气重，生活在当地的人们就很容易生“火气”（当地人称之为“热气”），随之咽喉、牙龈部位会有强烈的不适感。因此，梧州民间有喝凉茶消暑祛湿的传统，精通中医的人就以多种中草药熬制成凉茶。梧州凉茶品种繁多，常喝可以解暑生津，除湿去火，外地人到了梧州也总是慕名品尝。老一辈的梧州人、南宁人的记忆中或许还有这样的情景：凉茶铺里，摆放着几个葫芦状的大铜壶，一排青花粗瓷大碗，墙上挂着一些干草药物，店铺里散落着几张待客的木凳，客人或坐或立享受着店主用十几种药材熬制的凉茶。如今，随着凉茶产业化的发展，许多知名老字号都有了自己的品牌店和加盟店，如“老梧州”“老南宁”等。凉茶的品种也很丰富，从地道的生冲雷公根、鸡骨草、王老吉、二十四味、五花茶、清补凉等，发展到现在的祛湿降火凉茶、平肝静气茶、清热解毒茶等系列产品，从原来喝完就走到现在的瓶装外带、袋装颗粒，凉茶生意被经营者越做越大、越做越好了。凉茶早已融入广西人的生活，春夏秋冬，从早到晚，凉茶店里的客人总是络绎不绝。虽同饮一种凉茶，却品千般人生滋味。

（十一）纸包鸡来做名菜

梧州纸包鸡这道名菜，相传已有近百年历史，始创于民国初期的梧州翠环酒楼。纸包鸡制作考究，选用约1千克重的地道三黄鸡，宰杀煺毛后，吊干水分，只取鸡腿和翼翅四件，用姜汁、蒜泥、香油、白糖、料酒，加入广西特产八角和陈皮、草果、大茴香、小茴香、红谷米、五香粉、胡椒粉配成调料。鸡块浸料后用炸过的“玉口纸”包成荷叶状，下锅后炸至纸包鸡浮起。纸包鸡炸成后，油面呈棕褐色，鸡块金黄，滚油不入内，味汁不外泻，香飘满堂。自有了纸包鸡这道名菜后，梧州翠环酒楼的名声便日渐大振，纸包鸡奇特的制法闻名遐迩。起初，纸包鸡仅限于款待达官贵人，后来在梧州的各主要酒家逐渐传开。从此，纸包鸡经过代代相传，成为梧州市的传统名菜。1985年，梧州纸包鸡被选拍入《中国一绝》风情电视纪录片。

（十二）柠檬鸭香惹人爱

柠檬鸭是南宁人有口皆碑的一道招牌菜，发源于南宁北郊的高峰林场，所以南宁人又把这道菜叫“高峰柠檬鸭”。柠檬鸭的味道酸酸辣辣，浓香扑鼻，口感强烈。鸭肉香脆，不软不腻，带有特别的柠檬香气。柠檬鸭又分白切柠檬鸭和生炒柠檬鸭两种，人们平时常说的柠檬鸭指的是生炒柠檬鸭。生炒柠檬鸭的做法是将鸭肉用大火猛炒后，将切成丝的酸辣椒、酸姜、酸藠头和酸梅、生姜、蒜泥等作料入锅同炒，临出锅前再加入酸柠檬和紫苏，最后装盘享用。出锅的柠檬鸭通常装在大托盘中，热气腾腾，黄爽油亮，味浓多汁，入味至极，令人相当开胃。

（十三）鸡鸭鱼肉做酸菜

在广西的融安和三江一带的农村，当地人喜欢选用自养的土猪、土鸭和河鱼等，用一些特别的腌制方法，将这些肉类腌制半年以上，

三江侗族酸食

制成风味独特的酸肉食品。这些酸食主要有酸猪肉、酸鸭、酸鱼等。几百年来，这些酸食一直是当地人用于招待贵宾的桌上佳肴。全国很多地方都有腌酸的传统，但大多都是以腌素菜为主，把肉也放到酸坛里腌的绝不多见，这样腌制出的酸肉可谓食中一绝。酸肉虽然味美绝伦，但却不像腊肉那般随处可以买到，想做这道菜的人或是酒家，只能到乡下收集。

（十四）鱼生待客摆宴台

广西人爱吃鱼生是出了名的，鱼生的吃法和日本的刺身（生）吃法极为相似。广西人吃鱼生有着悠久的历史，讲究选鱼、刀工和配料三个方面。选好鱼后，厨师妙手切片，鱼肉薄如蝉翼，晶莹剔透。吃鱼生最重要的是配料，配料一般有几种甚至20多种。常见的配料有生姜、洋葱、鱼腥草、白萝卜、酸萝卜、酸藠头、酸柠檬、酸姜、紫苏等，还有用香油和生抽混合的油料碗、胡椒粉等。南宁市横县的鱼生享誉华南地区，无论是县城还是各乡镇，只要有酒家、大排档的地方，几乎都能吃到鱼生。

（十五）中山小吃通宵摆

距离邕江边不远有一条老街，叫中山路，南宁风味小吃是这里对外展示的一张亮丽名片。

这条有着近百年历史的老街，云集了南宁众多的著名老字号餐馆、饮食店，成为首府南宁夜幕下一道令人向往的风景线。从夜幕降临一直到凌晨甚至天亮，街上都能看到熙熙攘攘的食客。这条在全国出名

南宁市中山路美食街

的夜市小吃街，基本上把广西各地及南方其他一些地区的许多小吃都汇集在这里，如老友粉、八鲜面、瓦煲饭、臭豆腐、粉饺、烤鱼、烤茄子、烤大蚝、烤蔬菜、卤猪脚和鸭脚、豆浆、油条、海鲜馄饨、炒螺蛳、鸭脖子、牛杂、牛巴、炖猪脑、炒板栗、炒粉、蒸饺、卷筒粉、小笼包、干锅羊肉、奶茶、鲜榨果汁等，数不胜数。各式各样的小吃香气袭人，连空气中也弥漫着各种诱人的味道，使人垂涎欲滴。站在街口朝前望去，餐馆和露天摊位从街头排到了街尾，烟雾缭绕，其间人头攒动，场面壮观。街的两侧全是骑楼老建筑，斑驳古朴，透着古韵风情。

（十六）黑食五类凑上来

黑五类食品是指用黑芝麻、黑大豆、黑木耳、黑米、黑枣为原料做的五种黑色天然食物。近年来的营养学研究表明，天然食物的功效和营养价值与它们的颜色休戚相关，其从高到低的排列次序为黑色、红色、黄色、白色。现代科学的饮食观点是“食以黑最佳”。黑芝麻有养肤、补血、明目、补肝肾、祛风、润肠、生津、通乳、养发等功效，由于其富含不饱和脂肪酸、维生素 E 和钙，有助于降低胆固醇，防治高血压。黑大豆富含人体所必需的氨基酸、不饱和脂肪酸、钙、磷等，常食可排脓拔毒、消肿止痛，并对防治高血压、高血脂、心脏病大有裨益。黑木耳为食用菌上品，常吃有补血、活血、抗血小板凝集、防血栓等功效，可防治冠心病、动脉硬化。黑米含有较多的铁、磷、钙及多种维生素，可调节人体生理功能，有治少年白发的功效，可供孕妇、产妇补虚养身。黑枣有“营养仓库”之称，常食有补血益气、维持上皮细胞组织的功效。

（十七）想吃风味跑城外

在广西的主要城市，许多有特色风味的餐馆、酒楼都在城外。在人们生活水平不断提高的今天，寻找自然的用餐环境和风味独特的餐馆酒楼成为一种时尚的追求，尤其是对城里越来越多的有车一族来说更是如此。近年来，比较有特色的餐馆、酒楼在城郊如雨后春笋般地冒了出来，吸引着城区的众多食客。如南宁的邕江边，桂林的尧山脚下，防城港、北海的海边，都有许多颇具当地特色和经营不同风味菜肴的餐馆酒楼安营扎寨。

第七章

广西城镇各民族的从业特点

据《2015年广西统计年鉴》数据，2014年底，广西城镇常住人口有2187万，占广西常住总人口的46%。2014年自治区生产总值15672.89亿元，其中第二产业最多，有7324.96亿元，第二产业中工业生产总值为6065.34亿元，建筑业为1263.87亿元。2014年底，广西城镇就业人数为1145万。

一、广西城镇各民族从业现状

2015年，广西城镇新增就业44.62万人，城镇失业人员再就业8.77万人，就业困难人员实现就业2.48万人，新增农村劳动力转移就业65.69万人次，均超额完成年度预定目标。城镇登记失业率2.92%，低于4.50%的年度控制目标。城镇各民族从业的产业结构及相关行业情况：第一产业涵盖农、林、牧、渔业；第二产业有采矿业，制造业，电力、燃气及水的生产和供应业，建筑业；第三产业有交通运输、仓储和邮政业，信息传输、计算机服务和软件业，批发和零售业，住宿和餐饮业，金融业，房地产业，科学研究、技术服务和地质勘查业，水利、环境和公共设施管理业，居民服务和其他服务业，教育、卫生、社会保障和社会福利业，文化、体育和娱乐业，公共管理和社会组织等。

二、广西劳动力资源情况和各民族的从业特点

劳动力资源丰富。据统计，2015年广西劳动年龄人口为2845万，比2010年增加了29万。2015年广西劳动年龄人口占全自治区总人口的比重为59.3%。从劳动年龄的内部结构来看，青年人口（16—39岁）占劳动年龄人口比重为58.4%，青年人口比重仍然较大。

小资料

近三十年来广西城镇失业及失业率情况

年份（年）	1985	1990	1995	2000	2005	2010	2011	2012	2013	2014
城镇失业人员数（万人）	9	13.90	10.10	11.30	18.51	19.07	18.81	18.94	18.09	18.66
失业率（%）	2.90	3.90	2.40	3.20	4.15	3.66	3.46	3.41	3.30	3.15

资料来源：国家统计局网和《2015 年广西统计年鉴》。

农村剩余劳动力在不断向城镇转移。《2006 年广西统计年鉴》相关数据显示，2005 年，广西城镇从业人员中，从农村招收的劳动力为 7.63 万人。《2011 年广西统计年鉴》相关数据显示，2010 年，广西城镇从业人员中，从农村招收的劳动力为 10.05 万人。随着社会的发展，农村剩余劳动力向城镇转移，在今后的很长一段时间内将持续增加。《2015 年广西统计年鉴》相关数据显示，2000—2014 年，广西城镇人口从 1337 万增加到 2187 万，乡村人口从 3414 万减少到 2567 万，城镇人口和乡村人口呈相反的变化趋势，城镇人口不断增加，乡村人口不断减少，乡村人口呈不断向城镇流动的趋势。

公有制经济单位从业人员比重下降，非公有制经济单位从业人员比重上升。随着广西经济结构和所有制结构的调整，广西非公有制经济有了较快的发展，广西从业人员的就业结构逐步优化，各种经济类型企业吸纳从业人员的能力发生了变化。在非公有制经济，特别是个体私营经济中，就业的劳动者数量不断增加，所占比重上升。2013 年底，国有单位从业人员 210.93 万人，比 2000 年减少 23.59 万人，减少 10.06%；城镇集体单位从业人员 14.39 万人，比 2000 年减少 13.97 万人，减少 49.26%；其他经济类型单位从业人员 177.67 万人，比 2000 年增加 145.26

万人，增长 448.20%；城镇个体私营经济从业人员为 298 万人，比 2000 年增加 208 万人，增长 231.11%。国有单位、城镇集体单位从业人员占城镇从业人员比重下降，分别由 2000 年的 60.87% 和 7.36% 下降到 2013 年的 30.09% 和 2.05%。其他经济类型单位从业人员比重上升幅度较大，由 2000 年的 8.41% 上升到 2013 年的 25.35%。城镇个体私营经济从业人员占城镇从业人员比重由 2000 年的 23.36% 上升到 2013 年的 42.51%，上升 19.15 个百分点。国有和集体单位、城镇个体私营经济和其他经济类型企业三种不同类型的劳动就业结构，由 2000 年的 68∶23∶9 变为 2013 年的 32∶43∶25，由此看出，公有制经济单位从业人数呈下降趋势变化，其他行业的从业人数呈上升趋势发展。

小资料

1995—2014 年城镇各行业从业人员情况表，反映了国有单位、集体单位的城镇从业人数呈下降趋势变化，其他行业的从业人数呈上升趋势发展。

1995—2014 年城镇不同经济单位从业人员情况

单位：万人

年份（年）	1995	2000	2005	2010	2013	2014
国有单位	293.45	234.52	199	203.32	210.93	206.48
集体单位	48.72	28.36	20	17.27	14.39	15.09
股份合作单位	—	1.39	2	2.96	2.18	2.04
联营单位	0.42	0.34	1	0.75	0.21	0.15
有限责任公司	—	15.09	34	49.82	108.38	113.59
股份有限公司	6	8.79	11	15.15	27.73	27.66
港澳台商投资单位	1.62	2.97	5.50	8.23	17.41	17.20
外商投资单位	5.66	3.83	6.20	8.99	14.42	13.43
私营企业	9.01	22.14	54	100	130	—
个体	52.99	67.86	90	141	168	—

资料来源：《2015 年广西统计年鉴》。

就业群体性问题进一步显现。城镇就业群体性矛盾主要反映在城镇新增劳动年龄人口、下岗失业人员、就业困难群体、大中专毕业生、退役军人的就业问题，农村剩余劳动力的转移以及城镇中居住人员的土地征用后的从业问题等。

每个发展阶段，广西各级政府的劳动部门都会根据当时的各种从业问题，采取各种措施来安置城镇失业人员，如开办就业培训中心，对城镇待业人员、专业职工进行政治思想、职业道德和专业知识技能的培训，培训工种有印刷工、水泥生产工、电工、焊工、服装裁剪工、烹调师及制糖类工种等，从而逐步解决城镇失业人员的再就业问题。最近几年，广西城镇就业安置的效果显著，就业形势基本稳定。

我国大学扩大招生规模后，全国毕业生人数在持续增加。从广西高校毕业生总量来看，2015 届总数为 18.9 万人，比 2014 年同期增加近 1 万人。在如此复杂多变的经济和就业形势下，自治区党委、政府科学统筹，充分发挥各级就业部门的主体责任，共同研究制定“促基层，增岗位，帮困难，助创业，强服务，优指导，升质量”等举措，并加大工作力度，努力促进毕业生就业。截至 2015 年 7 月 31 日，全自治区高校毕业生就业总人数为 170638 人，就业人数较 2014 年同期增幅为 5.84%，平均初次就业率为 89.96%，就业率较 2014 年同期增加 1.41%，顺利完成了 2015 年的就业工作目标。全自治区高校毕业生平均初次就业率高于全国平均水平。其中毕业研究生初次就业率为 89.23%，本科毕业生初次就业率为 88.56%，专科毕业生（含高职）初次就业率为 91.03%。

城镇单位从业人员情况趋于稳定。城镇单位从业人员包括在岗职工和其他从业人员。在岗职工是指调查时期（时点）在单位工作并领取工资的职工，具体是指与本单位签有劳动合同或在本单位在册，并在本单位从事有报酬的劳动人员。在岗职工还包括单位派出学习、工作及病伤产假（六个月内）且仍在单位有劳动报酬的人员。其他从业人员是指各单位再就业的离退休人员、民办教师、港澳台及外籍工作人员。《2015年广西统计年鉴》数据显示，2014年末广西总人口为5475万，城镇单位从业人员合计401.46万人，约占总人口的7.33%，在岗职工3265035人。

从人们从事的行业来看，城镇单位从事制造业的人数最多，其次是教育，人数最少的是居民服务和其他服务业。

近年来，政府采取及时有效的措施稳定就业，广西城镇单位从业人员从业趋于稳定。其中，其他经济类型单位（包括三资企业、联营企业、股份有限公司、有限责任公司等）拉动就业明显。

此外，工业企业用工需求回暖和北部湾经济区拉动就业明显是从业人员增长的两大特点。其中，工业企业用工需求方面，工业从业人员占广西城镇单位企业从业人员的比重约为45%，对广西城镇企业就业的稳定起着关键性作用。工业生产基本摆脱低迷徘徊状态，产能逐步回升，企业盈利情况明显好转，企业用工逐步恢复。

三、广西城镇妇女从业现状和特点

20世纪90年代以来，中国的经济结构发生了深刻的变化，产业结构和所有制结构的调整必然影响就业结构，从而进一步影响城镇女性劳动力的就业。经济的稳步快速发展，带来了更多的就业机会，也给女性带来了更多的就业选择，并呈现出自己的特点。

《中国劳动统计年鉴》把城镇就业人员的就业身份分为城镇单位

就业人员、乡镇企业就业人员、乡村农林牧渔劳动者、私营个体雇员、私营个体雇主、自营劳动者和其他。中国女性的城镇从业特点表现为就业渠道逐渐拓宽，在第三产业的从业人员的比重有所增加，行业结构向高层次转变，专业技术人员增长显著等。广西少数民族妇女成为广西社会主义建设中一支不可缺少的重要力量，她们以勤劳节俭、吃苦耐劳、勇于进取的传统美德为广西社会经济的发展做出了巨大的贡献。近年来，随着我国经济体制改革的推进和社会主义市场经济的建立与发展，广西少数民族妇女的就业状况发生了深刻的变化，呈现出新的特点。

城镇单位女性从业人数不断增加，劳动参与程度不断提高。《2015年广西统计年鉴》相关数据显示，2014 年广西城镇单位女性从业人数为 150.8 万，与 2009 年相比，增加了 42.8 万，增长率为 39.63%。2014 年末，广西城镇单位从业人数为 401.46 万，其中，女性从业人数占 37.56%，比 2009 年的 35.83% 增长了 1.73 个百分点。

《2015 年广西统计年鉴》中的数据显示，2014 年末，广西国有单位女性从业人数为 871564 人，城镇集体单位女性从业人数为 38980 人，其他类型单位女性从业人数为 597471 人。而从行业角度来划分，在第三产业中，女性从事教育的人数最多，为 327872 人；其次是卫生、社会保障和社会福利业，为 191900 人；接着依次是公共管理和社会组织，批发和零售业，金融业，交通运输、仓储和邮政业，水利、环境和公共设施管理业，租赁和商务服务业，科学研究、技术服务和地质勘查业，住宿和餐饮业，房地产业，信息传输、计算机服务和软件业，文化、体育和娱乐业；从事人数最少的是居民服务和其他服务业，仅有 3502 人。

第八章

广西城镇民族管理与服务

一、广西城镇民族管理机构

广西是个多民族聚居的自治区，实行严格的民族区域自治。广西壮族自治区民族宗教事务委员会是负责广西民族宗教事务工作的主要机构。自治区各厅级单位协同负责民族经济与社会发展事务。在各市设民族宗教事务委员会，在各县（县级市、区、自治县）设民族局、民族宗教局、民族宗教事务委员会处理民族宗教事务。在乡镇一级，民族宗教事务主要由乡镇党政领导班子分工负责。

（一）广西壮族自治区民族宗教事务委员会

广西壮族自治区民族宗教事务委员会的主要职责：

1. 贯彻执行党中央、国务院关于民族宗教工作的方针、政策。组织开展民族宗教理论、政策和民族宗教工作重大问题的调查研究，提出有关民族宗教工作的政策建议。对民族宗教政策和法律法规执行情况进行督促检查。组织开展民族宗教理论、政策、法律法规和基本知识的宣传教育工作。

2. 负责协调推动自治区民族工作委员会委员单位及其他有关部门履行民族工作相关职责，促进民族政策在经济发展和社会事业有关领域的实施、衔接，对政府系统开展民族工作进行业务指导。

3. 负责提出广西民族宗教事务地方立法项目的建议，起草自治区有关民族宗教事务地方性法规、规章和规范性文件草案。保障少数民族合法权益，依法保护公民的宗教信仰自由和正常的宗教活动，维护宗教界合法权益。联系自治县、民族乡，指导《中华人民共和国民族区域自治法》的贯彻落实。

4. 研究提出协调民族宗教关系的工作建议，协调处理民族宗教关系中的重大事项，参与协调少数民族聚居地区的社会稳定工作。指导全自治区各地民族宗教事务工作，协助全自治区各级人民政府妥善处理涉及民族宗教方面的群体性事件和影响社会稳定问题。

5. 负责拟定少数民族事业等专项规划，监督检查规划实施情况，参与拟定少数民族和少数民族聚居地区经济发展和社会事业有关领域的发展规划，促进建立和完善少数民族事业发展综合评价监测体系，推进实施民族事务治理体系和民族事务治理信息化建设。

6. 研究分析少数民族和少数民族聚居地区的经济发展和社会事业方面的问题并提出政策建议，配合承办少数民族聚居地区的扶贫事宜。组织协调少数民族聚居地区科技发展、经济技术合作和民族贸易、民族特需用品生产政策的落实。

7. 会同财政部门管理民族宗教工作经费、少数民族发展资金及民族教育、寺庙教堂维修专项经费，参与其他有关少数民族聚居地区专项资金分配、管理和监督。

8. 承办自治区民族团结进步表彰活动和自治区成立逢十周年的庆祝活动，组织指导自治县（含享受自治县待遇县）、民族乡成立逢十周年的庆祝活动。

9. 研究少数民族教育、文化、科技、卫生、体育、出版等方面的问题并提出政策建议，会同文化、体育部门承办全自治区少数民族文艺会演和全自治区少数民族传统体育运动会相关事宜，组织参加全国少数民族文艺会演和全国少数民族传统体育运动会相关事宜。参与指导全自治区各地开展“壮族三月三”活动。在教育主管部门的总体规划指导下，研究民族教育改革发展问题并提出政策建议，帮助解决民族教育中的困难，配合教育主管部门承办对少数民族聚居地区的教育援助和民族教育扶持的有关事宜。指导民族图书的出版发行和民族古籍的搜集、整理、规划、出版工作。

10. 参与拟定少数民族人才队伍建设规划，联系少数民族干部，协助有关部门做好少数民族干部的培养、教育和使用等工作；负责组织民族、宗教工作干部和宗教界人士的培训工作。

11. 对宗教团体和宗教界人士进行爱国守法、拥护社会主义、维护祖国统一和民族团结、维护社会稳定的教育。巩固和发展同宗教界人士的爱国统一战线，调动宗教界的积极性，为构建和谐广西贡献力量。帮助宗教团体在宪法和法律范围内按照自身特点独立自主开展工作，帮助做好宗教教职人员的选拔、培养工作。

12. 做好宗教行政审批工作，重点管理好自治区一级宗教团体。会同有关部门做好对涉及宗教内容的宣传品的审查工作。配合政法部门揭露和打击利用宗教进行的违法犯罪活动。

13. 负责组织协调民族宗教工作领域有关对外和对港澳台的交流与合作，做好涉及民族宗教事务的对外宣传工作，办理有关少数民族宗教界涉外事宜。指导宗教团体和宗教界人士按照独立自主自办原则和外事纪律开展对外交往，抵御敌对势力利用宗教对我国进行的渗透活动；协同有关方面处理宗教涉外事宜。

14. 承办自治区人民政府交办的其他事项。

（二）自治区民族工作委员会各委员单位

自治区民族工作委员会委员单位有自治区党委办公厅、自治区人民政府办公厅、自治区党委组织部、自治区党委宣传部、自治区党委统战部、自治区发展和改革委员会、自治区工业和信息化委员会、自治区教育厅、自治区科学技术厅、自治区民族宗教事务委员会、自治区公安厅、自治区人力资源和社会保障厅、自治区住房和城乡建设厅、自治区交通运输厅、自治区水利厅、自治区农业农村厅、自治区林业局、自治区文化和旅游厅、自治区卫生健康委员会、自治区体育局、自治区税务局、中国人民银行南宁中心支行、自治区新闻出版局（自治区版权局）、自治区扶贫开发办公室。各委员单位在民族事务方面的职责各不相同。

自治区党委办公厅的主要职责是督促检查中央和自治区党委有关民族工作方针政策的贯彻执行情况；协调涉及全自治区民族团结、社会稳定、民族关系和改革开放等方面的重大问题。

自治区人民政府办公厅的主要职责是督促检查国务院和自治区人民政府有关民族工作方针、政策的贯彻执行情况；组织协调自治区级有关部门研究制定全自治区经济社会发展战略规划和民族政策，以及草拟相关行政法规、规章草案等。

自治区党委组织部的主要职责是认真贯彻执行中央和自治区党委关于培养、选拔、使用少数民族干部的方针、政策，抓好少数民族干部的培养、选拔和使用工作；加大少数民族干部培养选拔工作的力度，改善结构，提高素质。注重对人口较少民族的干部、非中共党员的少数民族干部和少数民族妇女干部的培养和使用。

自治区党委宣传部的主要职责是认真贯彻执行党和国家、自治区党委和自治区人民政府关于民族工作的方针、政策，协调新闻媒体抓好对党的民族政策和全自治区民族工作的宣传；把握正确的舆论导向，防止发生不尊重少数民族风俗习惯及宗教信仰、伤害民族感情的事件。

自治区党委统战部的主要职责是认真贯彻执行党和国家、自治区党委和自治区人民政府关于民族工作的方针、政策，积极开展民族问题的调查研究，提出政策性建议；协助组织人事部门做好少数民族干部的培养、选拔和使用工作，做好少数民族代表人士的联谊工作；加强民族团结进步教育，做好维护民族团结、促进民族地区稳定的工作。

其他自治区各厅局单位及中国人民银行南宁中心支行的主要职责是贯彻执行党和国家、自治区党委和自治区人民政府关于民族工作的方针、政策；在本单位职权和业务范围内开展各项民族经济和民族社会发展活动，共创各民族大发展、大繁荣的和谐局面。

（三）市一级民族宗教事务委员会

各市民族宗教事务委员会工作职责大致相同，其主要职责如下：

1. 贯彻执行党中央、国务院关于民族宗教工作的方针、政策，组织开展民族宗教理论、民族宗教政策、民族宗教工作重大问题的调查研究，提出有关民族宗教工作的政策建议。

2. 负责协调推动有关部门和单位履行民族宗教工作的相关职责，促进民族政策在经济发展和社会事业有关领域的实施、衔接，对政府系统开展的民族工作进行业务指导。

3. 负责督促检查民族宗教政策、法律法规的贯彻执行情况，负责提出全市民族事务和宗教工作地方立法项目的建议，起草有关的地方性法规、规章和政策性文件草案。保障少数民族合法权益，负责民族识别、民族成分管理有关工作，联系民族乡，指导《中华人民共和国民族区域自治法》的贯彻落实。

4. 实施民族关系监测体系建设，研究提出协调民族关系的工作建议，协调处理民族关系中的重大事项，参与协调民族地区社会稳定工作。

5. 负责拟定少数民族事业等专项规划，监督检查规划实施情况，参与拟定少数民族和少数民族聚居地区经济社会相关领域的发展规划，促进建立和完善少数民族事业发展综合评价监测体系，推进实施民族事务服务体系和民族事务管理信息化建设。

6. 研究分析少数民族和少数民族聚居地区经济发展和社会事业方面的问题并提出特殊政策建议，配合承办少数民族聚居地区的扶贫事宜。组织协调少数民族聚居地区科技发展、经济技术合作和民族贸易、民族特需商品生产政策的落实。负责组织实施辖区清真食品管理的有关工作。

7. 协同财政部门管理民族和宗教工作经费、少数民族发展资金、民族教育专项经费及民族特需商品生产发展专项扶持资金，参与其他有关少数民族聚居地区专项资金分配、使用的监督和管理。

8. 负责组织开展民族宗教理论、民族宗教政策、民族宗教法律法规和民族宗教基本知识的宣传教育工作，牵头实施全市民族团结进步创建活动，承办民族团结进步表彰活动，组织指导民族乡成立逢十周年的庆祝活动。

9. 在教育主管部门的总体规划指导下，研究民族教育改革发展问题并提出政策性建议，帮助解决民族教育中的特殊困难，配合教育主管部门承办对少数民族聚居地区的教育援助和民族教育扶持的有关事宜。研究少数民族文化、艺术、卫生、体育、出版等方面的问题并提出政策性建议，承办全市少数民族文艺会演和全市少数民族传统体育运动会相关事宜。负责少数民族语言文字管理工作，指导民族图书的出版发行和民族古籍的搜集、整理、出版工作。

10. 参与拟定少数民族人才队伍建设规划，联系少数民族干部，协助有关部门做好少数民族干部的培养、教育和使用等工作。

11. 负责组织协调民族工作领域有关对外和对港澳台的交流与合作，参与涉及民族事务的对外宣传工作，办理有关少数民族涉外事宜。

12. 指导全市宗教事务工作，组织培训宗教工作干部，指导县、区人民政府依法履行属地管理的职责，及时处理宗教方面的突发事件和影响社会稳定的问题。

13. 对宗教团体和宗教界人士进行爱国守法、拥护社会主义、维护祖国统一和民族团结、维护社会稳定的教育。巩固和发展同宗教界人士的爱国统一战线，调动宗教界的积极性，为构建和谐广西贡献力量。联系、帮助市级各爱国宗教团体在宪法和法律范围内按照自身特点独立自主地开展工作，帮助他们做好对宗教职业人员的选拔、培养工作。

14. 根据有关法律、法规负责宗教活动场所以及宗教团体设立和管理的有关事务。协调宗教组织和信教公民在宗教问题上与社会其他方面的关系。负责党的宗教政策的宣传教育工作，会同有关部门做好对涉及宗教问题的书刊等宣传品的审查工作。配合政法部门排查和打击利用宗教进行的违法犯罪活动。

15. 了解掌握境外宗教情况，指导宗教团体和宗教界人士按照独立自主自办原则和外事纪律开展对外交往，抵御敌对势力利用宗教对我国进行的渗透活动。负责宗教政策的对外宣传工作；协同有关方面处理宗教涉外事宜。

16. 承办市人民政府交办的其他事项。

（四）民族工作联席会议

民族工作牵涉民族经济和社会发展的方方面面，因此，开展民族工作、解决民族问题不仅是各级政府民族事务部门的职责，同时还需要其他各职能部门的配合和支持。要充分利用民族工作联席会议这一良好平台，整合各方面力量，上下联动，团结协作，形成合力，及时交流，通报民族工作情况，加强对重大课题的调查研究，共同探讨民族工作重大问题及其政策，促进民族工作水平不断提高。

小资料

贺州市建立民族工作联席会议制度

贺州市人民政府为了开展民族工作、解决民族问题，印发了《关于建立贺州市城市民族工作联席会议制度的通知》（以下简称《通知》），正式确立市民族工作联席会议制度。市人民政府委托市民族宗教事务委员会主任为市民族工作联席会议召集人，宣传、教育、公安、交通等12个市直单位领导为联席会议成员，通过举行民族工作联席会议共同商讨本市民族事务。

联席会议主要职责：在市人民政府领导下，统筹协调全市城市民族工作，研究并拟订城市民族工作政策措施，协调解决、推进城市民族工作中的重大问题；指导、督查有关政策措施的落实；努力维护民族团结，促进各民族和衷共济、和睦相处、和谐发展、社会稳定；协调流动人口中少数民族群众与当地群众的关系，把矛盾问题化解在萌芽之中。

联席会议工作规则：一是联席会议每个季度召开一次，由召集人主持，以会议纪要形式明确会议议定事项。根据工作需要，联席会议可邀请其他部门参加，研究相关工作。二是明确联席会议成员单位的责任，对本部门及下属单位干部职工进行民族政策法规的宣传教育，掌握民族关系动态，发现问题及时向联席会议办公室通报；协调落实联席会议形成决议、决定的事项。三是联席会议建立联络员制度，成员单位确定一名联络员，负责本系统民族关系信息汇报工作。

（五）县一级民族局、民族宗教局、民族宗教事务委员会

县民族局、民族宗教局、民族宗教事务委员会的主要工作职责如下:

1. 贯彻执行国家关于民族工作的方针、政策，当好县委、县人民政府在民族工作方面的参谋、助手。

2. 组织开展民族理论、民族政策和民族问题重大课题的调查研究，开展民族政策、法规的宣传教育，监督、检查民族政策、法规的执行情况。

3. 指导各乡镇贯彻民族区域自治法规、自治条例，承办和组织指导少数民族举行节庆活动。

4. 协调处理民族关系中的重大事宜，保障少数民族合法权益，维护各民族的团结。组织或承办民族团结进步表彰活动。

5. 分析民族地区经济运行情况，协助拟定少数民族地区政策开放、经济社会发展规划，研究分析少数民族和民族地区经济发展方面的问题并提出特殊政策建议和相关措施。组织调查研究边境地区、贫困地区少数民族经济发展中的有关问题，配合承办民族地区的扶贫事宜。组织协调民族地区的科技发展、对口支援和民族贸易、民族特需用品生产。

6. 协同财政部门使用和管理民族工作经费、少数民族发展资金。

7. 在国家有关方针、政策指导下，研究少数民族文化、艺术、卫生、体育等方面的特殊问题并提出相关意见和建议，承办相应事务。指导少数民族语言文字工作。

8. 在教育主管部门的总体规划指导下，研究民族教育改革发展问题并提出意见和建议，帮助解决民族教育中的特殊困难，配合教育主管部门承办对民族地区的教育援助和教育扶持的有关事宜。

9. 联系少数民族干部，协助组织人事部门做好少数民族干部的选拔、培养、教育和使用等工作。

10. 指导民族古籍的搜集、整理工作，宣传民族理论、民族文化和民族知识。

11. 组织、接待少数民族学习、参观、考察等事宜。组织协调民族工作领域有关对外的交流与合作，协助开展有关少数民族的对外宣传事宜。办理有关少数民族的涉外事宜、民族成分更改等工作。

12. 承办县委、县人民政府和上级业务部门交办的其他事宜。

二、广西城镇民族服务

广西各级民族事务管理部门肩负民族政策、管理办法的制定，发展民族经济，培训民族干部，解决民族地区民生问题等重任。

（一）完善民族事务管理制度，出台加强城市少数民族流动人口服务与管理的办法

随着经济快速发展，在广西这个多民族聚居的自治地方，在城市谋生的少数民族流动人口越来越多，但由于各方面的原因，大部分少数民族流动人口在城市生活面临诸多压力。为了保证少数民族流动人口在城市的基本生活，保护少数民族流动人口在城市激烈的竞争中能够占有一席之地，广西各级政府不断完善地方民族事务管理制度，出台了一系列民族支持政策。

小资料

南宁市高度重视民族工作

南宁市委、市人民政府高度重视民族工作，陆续出台了一系列有利于少数民族事业发展的制度和政策。如《中共南宁市委、南宁市人民政府关于进一步加强民族工作，加快少数民族和民族地区经济社会发展的决定》《少数民族事业“十二五”规划》《南宁市人民政府关于加强我市非物质文化遗产保护工作的意见》《关于加强我市壮文进校实验工作的意见》《关于加强南宁市寄宿制民族班管理工作的意见》等文件和《南宁市社会用字管理暂行办法》《南宁市民族教育条例》等地方性法规，为少数民族各项事业发展提供了政策和法律保障。

（二）争取国家和自治区人民政府项目支持，发展民族地区经济

广西位于我国西南地区，经济较为落后，部分地区人民的生活水平低下，没有支柱产业，社会建设缓慢。为改变落后面貌，各级民族事务部门纷纷着眼于发展少数民族地区经济，向国家及自治区人民政府申请经济项目支持。

小资料

阳朔县民族宗教事务委员会积极争取项目，发展民族地区经济

2010年以来，阳朔县民族宗教事务委员会积极争取国家和自治区少数民族发展资金，为该县少数民族聚居村屯修建乡村公路、维修乡村道路31处，解决沿线少数民族群众2.6万人行路难的问题；完成了7个村的自来水工程，解决3000多名少数民族群众吃水困难的问题；建立3个种植示范基地，使部分少数民族群众的生活得到改善。在实施少数民族发展资金项目过程中，阳朔县民族宗教事务委员会不断总结经验，采取三项措施确保项目的顺利实施。

一是认真做好项目实施的前期调研工作，特别是做好项目的预算，调查群众对项目的参与度、积极性和申报前召开征求群众意见座谈会的工作，打好项目申报成功后顺利实施的基础。

二是做好项目实施过程中物品的政府采购工作。由于项目资金还不是全额扶持，实施过程中部分资金还要群众自筹。为了花最少的钱做最多的事，阳朔县民族宗教事务委员会做项目时厉行节约，购买物品时采取跟标采购、实行政府审批、集中在财政局的会管中心报账等措施。

三是把项目直接放入实施点，成立以经济合作社为基层单位的项目实施领导小组，直接负责项目实施的具体事宜。

（三）建立少数民族服务中心，为少数民族群众提供全方位的服务

城市的少数民族流动人口一般生活在少数民族聚居区或者分散居住在城市各社区中，这些到城市务工的少数民族人员不仅在适应城市生活方面存在一定难度，在经商、就业、生活习惯、婚姻、教育等方面同样存在一些问题。为了帮助这些少数民族务工者更快地融入城市当中，解决其工作及生活方面的困难，广西的一些城市开始尝试建立城市少数民族服务中心，为少数民族群众提供各类咨询及培训服务。

小资料

南宁市“13456”民族事务服务体系

南宁市委、市人民政府针对新形势下城市少数民族流动人口多、增长快、民族成分多、流动性强、文化程度和技能低等特点，坚持以构建民族团结进步模范市为抓手，积极主动地探索并尝试解决在民族地区建立相关机构统筹服务少数民族流动人员的问题，构建了“13456”民族事务服务体系。“1”即建立一个市级少数民族流动人员服务中心，下设少数民族流动人员服务站，并建立少数民族流动人员技能培训基地和技能孵化站，构建网络和整合资源，为来邕少数民族流动人员提供职业介绍、政策咨询、住房租赁、子女入学、法律援助、困难补助、捐款慰问、志愿者上门等各项服务。“3”即构建市、区、社区三级服务网络体系。市级成立市民族关系协调领导小组和市民族工作领导小组；各城区建立由民族、公安、城管等有关部门组成的民族协调服务工作领导小组；选择部分少数民族流动人员较多、民族工作任务较重的社区成立少数民族流动人员服务站。

"4"即建立完善四项服务制度：完善社区民族之家服务工作制度、少数民族流动人员服务中心工作制度、少数民族法律援助工作制度及干部结对联系服务民族关系协调员（少数民族知名人士）工作制度。"5"即建立五支服务队伍：一是建立民族工作干部骨干服务队伍；二是组建社区"民族之家"服务队伍；三是建立少数民族联谊会会员服务队伍；四是成立民族工作信息员、民族关系协调员和民族工作专家顾问三支队伍；五是建立志愿者服务队伍。"6"即重点整合外来少数民族流动人员经商就业、住房租赁、子女入学、法律援助、困难补助、清真食品六大服务内容。

目前，"13456"服务体系模式平台已经成为南宁市协调民族关系、增进民族感情、化解民族矛盾的一个重要载体，被国家民族事务委员会专家确定为"南宁模式"民族事务服务体系，与北京牛街模式、上海模式、广东模式、武汉模式并列为我国五大民族事务服务体系。2011年，国家民族事务委员会将南宁市民族事务委员会确定为"全国少数民族流动人员服务管理体系试点单位"之一，"南宁模式"民族事务服务体系逐步得到国家民族事务委员会专家的肯定并向全国推广经验。

（四）开展技能培训，提高少数民族人口的技能水平

不管是流动到城市的少数民族务工者还是聚居在各乡镇的少数民族人口，在科技文化、劳动技能等方面的水平都有待进一步提高。因此，广西各级民族宗教事务管理部门在开展民族工作时，纷纷着力举办各类技能培训。柳州市忻城县民族局和妇联联合举办的2012年度少数民族妇女实用技术首期培训班，采取专题讲座、面对面传授理论技术与下乡指导相结合的教学方式，培训种桑养蚕技术、金银花的种植

苗族妇女交流刺绣技术

和管理等知识。南宁市宾阳县举办了村（社区）“两委”〔村（社区）党支部委员会和村民（社区居民）委员会〕少数民族干部暨农村党员实用人才培训班，通过集中授课、专题讲座的形式，对来自武陵、中华、古辣、露圩和甘棠等镇的村（社区）“两委”少数民族干部和部分农村党员实用人才进行党的民族政策，维护社会稳定政策法规，新形势下农村“两委”干部要求，传统手工业发展，工业化、城镇化建设，民营经济发展，特色农业种植等知识培训。钦州市钦南区以帮助少数民族群众增加收入为目标，切实加大少数民族地区劳动力技能培训力度，多种渠道、多种形式开展少数民族群众劳动力培训，使少数民族群众的综合素质不断提高，劳动技能进一步增强。该区结合“十百千”产业化示范工程的实施和龙头企业的发展规划，采取农家课堂、学校培训和依托龙头企业培训相结合的方式，在该区各少数民族聚居地区

科技指导到地头

举办种蔗、养猪、奶水牛养殖、超级稻种植等技术培训班，先后举办了 5 期少数民族群众实用技术培训班，共培训少数民族劳动力 1050 多人次。

（五）开展各级少数民族干部培训班，提高民族工作能力

少数民族干部同本民族人民群众有密切联系，熟悉本民族的历史和现状，熟悉本民族的语言和风俗习惯，了解本民族人民的思想感情和要求愿望，了解本民族和本地区的特点，他们是党联系少数民族群众的桥梁，在维护社会稳定和祖国统一、推进民族团结进步事业等方面具有不可替代的作用。民族区域自治制度的巩固和完善，民族问题

的最终解决，都需要一大批德才兼备、坚持维护祖国统一和民族团结、密切联系群众的少数民族干部。因此，对少数民族干部进行培训，努力造就一支数量众多、德才兼备的少数民族干部队伍是开展民族工作的关键。广西各级人民政府十分重视少数民族干部培训工作，每年均举办各类民族干部培训班。2011年11月，河池宜州市民族局联合宜州市委组织部举办新任少数民族领导干部培训班，其目的在于提高换届后新任少数民族领导干部的执政能力，使之更快地进入职务和岗位角色，更好地服务人民，服务经济建设。培训内容包括：如何提高少数民族领导干部的综合素质；如何做好基层领导；如何培育团队文化，建设和谐团队；廉政建设；领导艺术、公务礼仪及新时期民族工作要求、民族政策法律法规知识；等等。各乡镇党委、政府及市直各相关单位共200多名壮族、瑶族、苗族等新任少数民族领导干部参加了培训。2015年12月25日，靖西市2015年少数民族干部培训班在靖西市委党校开班。此次培训班学员为县直各有关部门、部分乡镇的少数民族干部，共60人。举办培训班的目的是贯彻落实党的十八大提出的“加强和改进干部教育培训，提高干部素质和能力”的精神，加强基层民族宗教工作，培养和造就高素质少数民族干部队伍，为推动民族地区跨越发展创造条件，为打造靖西市经济社会发展奠定思想和人才基础。

（六）关注少数民族地区民生问题，加大对民族地区的扶持力度

《广西国民经济和社会发展“十二五”规划纲要》明确提出，要帮助特困少数民族聚居区、边境地区改善生产生活条件，不断提高少数民族群众的生活水平，维护少数民族群众的根本利益，进一步发展平等、团结、互助、和谐的社会主义民族关系，实现各民族共同团结

奋斗、共同繁荣发展，保持和发展广西作为全国民族团结示范区的良好局面。广西各级政府非常关注少数民族民生问题，着力解决少数民族聚居区的各种生活困难，如饮水、交通、教育、生产等问题。

小资料

桂林市永福县高度重视少数民族地区民生问题

桂林市永福县委、县人民政府高度重视少数民族群众的生产生活问题，采取四项措施，全力帮助少数民族群众解决民生难题：选派有能力、有觉悟、肯干事并有开拓精神的年轻党员到贫困村任党支部书记，充分发挥书记“领头人”的作用，带领群众依靠丰富的资源，艰苦创业，发展经济；建立由有关领导牵头，各相关部门参与的少数民族贫困人口救济帮扶工作机构，对全县贫困的少数民族村屯的扶贫工作进行规划和安排；采取财政、民政、民委、扶贫办等部门及社会帮助等多渠道融资的办法，对特困少数民族群众进行救济；认真落实各项惠民政策，着力增强在政策上的倾斜照顾，尤其在投资、信贷及生产资料的供应上，予以优先、优惠的特殊照顾；对于确实难以维持正常生产生活的特困户给予适当帮助和救济；在农村大力发展特色效益农业；大力发展“农家乐”旅游、生态旅游；大力培育农业龙头企业；因地制宜，结合实际对贫困少数民族村屯进行产业扶持，使少数民族群众得到巨大的经济实惠。

第九章

社区是我家 团结靠大家

一个团结、健康的和谐社区，离不开政府、社区、居民三者的共同努力，需要政府的大力支持、社区的科学管理及居民的积极配合。统筹兼顾好三者，是构建团结社区的关键。特别是对于如今城市中逐渐形成的多民族聚居社区，民族成分复杂，居民在民族心理、习俗、宗教信仰、语言等方面存在较大差异，要让社区居民形成对社区的认同感和相互支持关系，为实现各民族共同团结奋斗、共同繁荣发展的目标营造良好的生活氛围，更需要政府的支持和引导、社区人性化管理及居民的积极参与。

一、多民族社区的特点

多民族社区具有一般城市社区人口高度集中、密度大，社会结构复杂，人口流动性大，生活方式多样等特点。同时，由于民族成分复杂，多民族社区具有其他一般城市社区没有的特点。

（一）语言种类繁多

广西的少数民族大多都有本民族的语言，他们在原居住地生活时，基本上使用本民族语言。他们流动到城市后，由于与别的民族杂居，所以必须学会说普通话，使用普通话与别人进行交流；而在民族内部，多数人仍使用本民族语言进行交流，从而形成了多民族社区中多种少数民族语言共存的情况。一方面，虽然各民族相互间能够用普通话交流，但是由于民族语言不同，在语言思维方面存在较大差异，往往容易导致在使用普通话交流的时候出现语言冲突；另一方面，少数民族居民在进入城市社区之前大多使用本民族语言，进入城市之后，才逐渐使用普通话，因此运用普通话交流时，容易出现语句不通顺或者词汇使用错误等情况，使多民族社区居民在沟通交流方面存在难点，增加了社区工作的难度。

（二）宗教信仰多样化

我国少数民族信仰宗教的情况非常复杂，概括起来大致有如下几种情况：一是信仰佛教，二是信仰伊斯兰教，三是信仰道教，四是信仰基督教，五是信仰天主教。此外，在一些少数民族中有的还保留着

罗城仫佬族自治县凤凰山多吉寺

各种民间信仰。少数民族信仰宗教的情况非常复杂，具有长期性、群众性、民族性、国际性和复杂性等特点。广西境内除了有12个世居民族，还有40多个其他少数民族成分，这些不同的少数民族人口流动到城市社区，分散居住在城市社区，形成多民族社区少数民族宗教信仰多样化与复杂化的特点，在进行社区管理的时候，必须要充分考虑各民族居民的宗教信仰。

（三）风俗习惯差异大

民族风俗习惯，是指民族在一定的自然环境和社会环境中长期形成的一种生活方式，具体表现在各民族的生产、居住、饮食、服饰、婚姻、丧葬、节庆、娱乐、礼仪、信仰、禁忌等方面。我国各民族都有自己各具特色的风俗习惯，它反映着一个民族的共同心理感情，是民族特点的重要组成部分，也是一个民族区别于其他民族的重要标志之一。各民族的风俗习惯在本民族人民心目中有着重要的位置，并且具有稳定性、社会性、群众性、民族性、敏感性、地域性等特点。各民族风俗习惯的特点也体现在多民族聚居的社区中，成为多民族社区的特点之一。随着大批少数民族人员进城务工，多民族成员聚居于同一社区中，不同的风俗习惯会给社区管理增加难度。

（四）各民族居民对城市现代文化的接受和适应程度及速度不同

在多民族社区中，由于各个民族在历史传统、社会氛围、民族心理和文化特征以及各个民族成员受教育程度等方面的差异，少数民族居民对城市现代文化的接受和适应的程度也有较大差异。一些文化程度高、年纪轻的少数民族人员进入城市社区后，不仅在语言、服饰、饮食等表层文化上主动接受和适应城市现代文化，而且在生活方式、价值观念等深层文化上也接受和适应了城市现代文化。而一些文化程度较低、年纪较大的少数民族人员进入城市社区后，由于原来长期受本民族传统文化的熏陶，传统观念较重，在居住方式、婚姻等方面对城市现代文化有一定程度的不适应。另外，进入城市社区生活的少数民族，由于各方面的原因，对城市现代文化接受和适应的速度也是不一致的。一些文化程度高、年纪轻的少数民族人员进入城市社区后，大多能够迅速融入城市生活当中，而一些文化程度较低、年纪较大的少数民族人员进入城市社区后，可能需要经过漫长的过渡阶段，方能融入城市生活当中。

二、完善和创新社区服务，构建团结和谐社区

社区服务是指政府、社区居委会以及其他各方力量直接为社区成员提供的公共服务和其他物质、文化、生活等方面的服务。完善的社区服务对社区物质文明与精神文明建设有着很大的推动作用：可以使社区成员拥有更多的公共服务、社会福利和闲暇时间，让人们从沉重的家务劳动中解放出来，提高人们的生活质量；可以使人们更加集中精力从事生产劳动和其他社会活动，创造出更多的社会财富；通过群众广泛参与，培养高尚的社会道德与社会风气；有利于提高人们的主体意识、协作意识、法律意识和文化意识，提高人的素质。

在多民族社区，完善和创新社区服务，对于维护多民族社区的稳定，

营造社区和谐氛围，解决各民族居民的困难等有重要的作用。

（一）加强多民族社区基层党组织建设

社区党组织是宣传、贯彻党的路线、方针、政策和国家法律法规的有效机构，对和谐社会的构建有着重要意义。现在少数民族流动人口越来越多，社区不再是单一民族的居住地，而是多民族聚居的社区。社区工作面临民族成分多样化、社区人口流动大、社区民族工作问题凸显、文化适应与冲突明显、利益调节成为重点、社区组织多元化、群众需求多样化、自主意识和自觉意识不断增强等情况。民族问题、稳定问题等给社区党建带来了新的挑战。这就要求我们全面加强党组织对社区内各类组织的政治领导；增强党的基层工作的有效性；拓展和延伸社区党建工作的内容和形式，建立和健全社区党建工作网络。

社区工作是地区性、群众性、社会性、公益性都很强的工作，要充分发挥社区党组织的领导核心作用，有效利用社区的组织资源、人力资源、物质资源，形成运转协调的工作机制，强化社区党组织的组织、协调功能，建立起完善的工作制度，用制度保证社区工作的有序开展。建立一支熟悉社情，善于做群众工作，维护稳定能力强的社区党员队伍，形成情况明、反应快、处置及时的维稳工作长效机制。

（二）坚持正确的社区民族工作指导思想

坚持贯彻中央、地方党委的各项民族政策，坚持以“三个离不开”思想指导开展社区各项工作，以促进民族团结，构建和谐社区为目标。

坚持用马克思主义国家观、民族观、宗教观、历史观、文化观对社区居民进行教育；坚持开展马克思主义民族理论和党的民族政策的学习教育活动，引导社区居民正确认识民族与国家的关系、民族与民族的关系；不断增强社区居民维护民族团结和社会稳定的自觉性，促进各民族紧密地团结在一起，加深社区居民间的互帮互助和携手并进的民族情。

另外，开展社区民族工作，必须坚持双向服务原则和因地制宜原则。社区民族工作要根据社区的少数民族情况、资源和社区工作实际情况开展，利用社区资源为常住在本社区的少数民族居民和社区内的少数民族流动人员服务；动员、引导少数民族居民参与社区活动，促进民族团结进步，为社区经济发展和社区建设做出贡献。

（三）做好多民族社区居民思想稳定工作

进行民族政策、民族法制教育的宣传，弘扬民族文化。通过影视资料，开展普法教育，倡导居民订阅报纸，收听、收看新闻等，帮助社区少数民族树立正确向上的世界观、人生观。加强对少数民族居民的联系、沟通、协调、管理和服务，为社区少数民族安居、劳动就业、子女入学、计划生育、营业登记等方面提供指引和方便。及时掌握民族关系的信息和动态，寓管理于服务之中。关心少数民族的工作生活，帮助他们解决实际困难，引导其适应和服从城市管理，增强遵纪守法意识，着眼于民族团结和社会稳定，把一切不安定因素解决在萌芽状态。要充分挖掘和发挥少数民族流动人口的技能和特长，积极引导和吸纳他们参与社区活动，增强其对党和政府的信任感，对文明社会的归属感，进而共同构建温馨社区、和谐社会。此外，重视社区居民来信来访工作，建立快速信息送报、处理、反馈制度。对少数民族居民反映的事情，要以高度的责任心接待处理，及时化解矛盾，以增强少数民族居民对党和政府的信任感。

（四）千方百计为少数民族居民解决民生问题

多民族社区基层党组织及社区居委会应制定具体扶持措施，对居住在本社区的少数民族困难居民给予帮助。必要时给予政策优惠，在人力、财力、物力上予以扶持。积极解决社区少数民族人口的生活问题，妥善安置社区少数民族下岗职工，适当提高社区少数民族低保对象的最低生活发放标准。积极帮助少数民族低保、弱势、困难家庭和失业人员解决生活、就业、权益保障、福利待遇、子女入学等方面遇到的实际困难和问题，并做好对少数民族流动人员的宣传教育培训工作。增设有利于少数民族生活的设施和机构，以增强少数民族对社区的认同感、归属感。

此外，向社区内的少数民族居民宣传国家和地方政府的相关民族政策，特别是扶持民族经济、民族文化发展等方面的政策，帮助少数民族居民发展民族经济，帮助少数民族居民依靠本民族传统手工艺及民族医疗发家致富，实现社区各民族居民共同富裕。

（五）建立志愿者组织，为少数民族居民提供多样性互助服务

社区基层党组织及社区居委会等部门应紧紧围绕服务居民群众这条主线，实实在在地为居民做好事、办实事。充分调动各民族成员共同参与社区建设的积极性，组建社区治安巡逻、便民服务、法律咨询、医疗保健等社区志愿服务队，定期开展活动，为社区各族群众提供所

需的各种安全、便捷、舒适的服务。增强社区各族群众的凝聚力，倡导文明新风，密切社区人际关系，在社区中形成人人参与、家家携手、个个受益，共建文明社区的新风尚。社区志愿组织工作主要包括以下方面：

大力发展社区志愿组织，扩大服务的受益面。不仅要继续鼓励老年人参加志愿组织，而且要动员有专业技能的年轻人参加社区志愿服务。对志愿者进行文化知识、人际交往能力、专业服务技能等方面的专业培训，提高志愿者服务的质量。

拓展志愿者组织服务的内容，扩大服务的覆盖面。既要做好原有的志愿服务项目，又要拓展新的志愿服务，不断完善服务内容，如拓展社会救助、慈善公益、优抚助残、敬老扶幼、治安巡逻、环境保护、社区矫正、科普咨询及法律援助等志愿服务项目。

社区志愿组织实行登记注册制度，规范社区志愿者登记注册内容、程序，明确注册志愿者的权利和义务，制定志愿服务的法律法规及相关政策，促进社区志愿服务管理工作走向规范化、制度化、法制化，增加社区居民对志愿者组织的认同感。

（六）开展丰富多彩的社区活动，增进各民族团结

开展民族团结文化活动，营造一个和谐良好的社会环境，有利于促进社区各民族团结。组织社区居民参与自娱自乐的社区文化活动，除一般社区能够举办的唱歌跳舞、交流会、书画、摄影等活动外，还应根据社区少数民族居民的生活习俗和文化传统，举办民族民俗活动。如：组建民族艺术团，参加社区各项活动的演出；举行少数民族传统体育竞技活动，展现各民族的运动风采；举办少数民族文化艺术展，

增进各民族之间的了解；为社区少数民族居民过民族传统节日，创造社区是一家的温馨氛围；举办居民联欢晚会，使社区内各民族居民欢聚一堂，通过表演各民族特色节目，弘扬和发展民族传统文化，展示各民族的精神风貌，促进社区内各民族居民和谐共处、团结互助。通过开展经常性的社区文化活动，促进民族群众彼此间的了解和情感交流，增进相互间的友谊，提高居民自身的道德文化修养，保障本社区的社会稳定和其他各项事业的稳步发展。

（七）发挥少数民族党员的先锋模范作用

在社区服务中，社区党组织应积极利用少数民族党员熟悉本民族语言和风俗习惯，了解本民族人民思想和愿望，与本民族人民群众有密切联系等方面的优势，充分调动少数民族党员的积极性，发挥党员的先锋模范作用，树立党员支持社区工作、无私奉献的良好形象。引导社区广大少数民族党员自觉树立以社区为家、为社区服务的理念，进一步提高党员的党性意识，激发党员参与社区各项活动、服务社区居民的自觉性。根据少数民族党员自身工作岗位及特长，设置党员服务岗，切实做到发挥少数民族党员特长与满足社区各民族居民的需求紧密结合。按照既满足群众需求，又发挥少数民族党员特长的要求按需设岗，促使他们主动帮助各民族居民了解民族政策和市场信息，解决生产生活中遇到的实际困难，积极化解矛盾，维护社区稳定。

（八）让各族群众交得了知心朋友，做得了和睦邻居，结得成美满姻缘

社区是社会的基本单元，也是各民族生产生活、交流交往的重要

平台。中央民族工作会议指出，城市民族工作要把着力点放在社区，推动建立各民族相互嵌入式的社会结构和社区环境，使各族群众交得了知心朋友，做得了和睦邻居，结得成美满姻缘。

当前，随着我国工业化、城镇化的快速发展，民族分布和交往格局正在发生重大变化，城市和散居地区的少数民族人口不断增加，各民族交错居住在同一社区的现象日益普遍，社区民族工作任务日趋繁重。把社区作为城市民族工作的切入点和着力点，加强社区民族工作，为少数民族融入城市生活打下坚实基础，既是贯彻落实党的民族政策的要求，也是促进民族团结，建设和谐社区、和谐社会的需要。

“建立各民族相互嵌入式社会结构和社区环境”是在第二次中央新疆工作座谈会上由习近平总书记首次提出。从人类历史经验来看，居住区域的隔离常常会加剧不同群体间的隔阂。不同民族、不同宗教信仰的人群只有在长期共同生活和交流互动中，才能对彼此的文化、信仰、生活方式更加了解并学会尊重，实现和谐相处。建立各民族相互嵌入式的社会结构和社区环境，正是打破不同民族间居住区域隔离的状况，促进各民族相互了解、相互尊重、和谐共处的有效举措。

建立各民族相互嵌入式社会结构和社区环境，就是在工作实践中，积极开展各类文化文艺活动，鼓励各族群众互动交流，共建共享美好社区；宣传表彰各民族联合创业、扶贫济困、邻里相助等方面的典型，营造团结友爱、和睦相处的社会和社区氛围；完善市民公约、村规民约，学生守则、行业规范，教育引导各族群众相互尊重文化、风俗习惯和宗教信仰；支持少数民族群众跨区域、跨行业有序流动，帮助少数民族群众和大学生到当地务工经商、就学就业，鼓励其他地区的群众到民族地区工作生活，组织民族地区基层干部群众参观考察，进行文化交流，进一步促进各族群众加深了解，增进感情。

要切实加强对社区民族工作的组织领导，重视社区作为基层公共服务平台的作用，把社区民族工作摆上重要议事日程，推动社区民族工作的广泛开展。要充分利用社区资源，大力开展民族团结进步宣传教育，深入开展民族团结进步创建活动。要坚持民生优先、服务为本的理念，努力解决好社区少数民族生产生活中的困难和特殊需求。通过设立服务中心、民族之家、热线电话等方式，为少数民族流动人口在就业创业、语言翻译、法律维权方面提供方便畅通的办事渠道，做到社区服务与少数民族流动人口需求相适应。要以社区为单位，加强对少数民族流动人口的管理，建立健全信息工作机制和矛盾排查机制，做好法制宣传教育，从源头上预防和减少各类问题的发生。对少数民族人口较多、工作任务较重的乡镇、街道，要配备民族工作联络员，发现和培养一批关心民族工作、热心社区服务的社区工作者，有关部门要提供必要的工作条件和工作经费。

三、社区是我家，团结靠大家

（一）主动学习民族政策

生活在多民族社区的少数民族居民应该积极主动学习和了解党和国家的民族政策，树立无产阶级的民族观，正确认识和处理我国在革命和建设中的民族问题、民族关系等，从而自觉地维护良好的民族关系，加强民族团结，促进各民族团结和共同繁荣。应组织社区少数民族学习党和国家对少数民族的扶持、优惠政策，保护散居少数民族的权利，尊重和保护少数民族宗教信仰自由，充分保障少数民族的参政议政、使用和发展少数民族语言文字的权利。

（二）遵守社区公约

社区公约是社区管理部门如社区居委会为加强社区建设和管理、维护社区秩序和稳定，给居民创造良好的工作、生活环境而制定的行为规范。为了实现对社区的有效管理，在城市的许多社区，不管是单一民族社区还是多民族社区，都通过制定社区公约，对社区居民的行为做出要求，以制止某些不利于社区文明建设、损害社区形象的不良行为，营造良好的社区环境。社区公约一般包含以下内容：遵守国家法律法规，自觉履行公民的各项义务，维护社会公共秩序；积极参与社区精神文明活动，讲文明，讲礼貌，不赌博，不打架斗殴；爱护社区环境，维护社会公德，维护社区公共设施；邻里团结，不损害他人利益，尊老爱幼，互帮、互让、互学、互爱。只有生活在多民族社区中的各民族居民都遵守社区公约，人人为社区，人人爱社区，我们才能构建一个团结和谐的多民族社区。

（三）尊重彼此的风俗习惯

在多民族社区，各民族居民在生活方式上都保留着一些传统的风俗习惯，这些风俗习惯具有鲜明的民族性，一经形成就被全民族所公认和共同遵守，起着维护和巩固民族共同体的作用。每个民族的群众对本民族的风俗习惯都有深厚的感情，往往把其他民族对本民族风俗习惯的尊重，看作是对本民族的尊重；把对本民族风俗习惯的轻视，看作是对本民族的歧视。因此，任何不尊重少数民族风俗习惯的言行，都容易刺激人以致伤害民族感情，不利于民族团结。在多民族社区，各民族居民之间应主动了解其他民族的风俗习惯，从民族平等、团结的原则出发，尊重各民族的权利，绝不能因民族风俗习惯的不同而歧视甚至侮辱其他民族。只有充分尊重民族风俗习惯，才能增进各民族间的相互信任，才能建立平等、团结、互助、和谐的民族关系，各民族之间才能和谐共处。正确对待和处理不同民族的风俗习惯是关系到民族平等、团结、进步的一件大事。中华人民共和国成立以来，党和政府一直把尊重和正确对待少数民族的风俗习惯作为我国民族政策的一个重要内容，采取了许多具体措施，特别是以法律的形式做了明文规定，使各族人民的风俗习惯得到了应有的尊重。如果不尊重风俗习惯，就会影响民族关系和社区稳定，各民族团结、和谐、共同发展的愿望也会落空。

（四）团结互助

民族平等与团结是马克思主义民族观的核心内容，也是党的民族政策的出发点。民族团结是广西各族人民的生命线，是广西做好一切工作的根本前提和保证。长期以来，自治区党委、政府在维护社会稳定，建立平等、团结、互助、和谐的新型民族关系方面做了大量卓有成效的工作，始终坚持在各族干部群众中深入开展以马克思主义民族理论和党的民族政策为中心内容的民族团结宣传教育，广泛深入地开展爱国主义、集体主义和社会主义教育，促进各民族共同繁荣、共同发展。历史上，广西有民族团结进步的光荣传统，广西各族人民相互学习、相互包容、相互帮助，共同推动广西经济社会繁荣发展。广西各族人民团结互助的民族关系，是各族人民在抵御外侮、保疆卫国的长期斗争中结成的，广西各民族已凝结成坚如磐石的生命共同体。2008 年初，广西遭受罕见的雨雪冰冻灾害，全自治区 100 多个县（自治县、市、区）共 1400 万人受灾。危难时刻，广西各族人民一条心，共同投入抗灾救灾中。广西各族干部职工纷纷放弃春节休假，深入灾区一线与受灾群众并肩抗灾，发放救灾资金和物资，保证了救灾不漏一村、不漏一屯、不漏一户、不漏一人，保证灾民有饭吃、有防寒衣被、有病可医、有避寒住所。不能到抗灾前线的各族干部群众，也以各种方式帮助灾区渡过难关，体现了各族人民之间团结互助的民族精神。生活在城市多民族社区的各民族居民，应保持这一优良的传统作风，不管是在生活上还是学习和工作上，都应互敬互爱、团结互助，能帮就帮，营造一个团结和谐的多民族社区。

（五）开展多种形式的民族团结交流活动

要推动建立各民族相互嵌入式的社会结构和社区环境，应从居住生活、工作学习、吃穿娱乐、婚丧嫁娶等日常环节入手，采取团结共建、牵手结对、互帮互助等形式，引导各民族在互动中加深了解，筑牢共同利益的根基，拉紧情感的纽带。要坚定不移地推行双语教育，加大双语教育力度，全面推广国家通用语言文字，确保少数民族学生基本掌握和使用国家通用语言文字，同时不断提高少数民族语言文字教育水平，尊重和保障少数民族使用本民族语言文字接受教育的权利。要加强中华民族共同体建设，在尊重差异、包容多样的基础上，加强中华文化建设，增进国家意识、公民意识、中华民族共同体意识。夯实命运共同体，使各民族心心相印、血脉相连。

第十章

广西城镇民族事业发展

一、广西城镇民族事业取得的丰硕成果

“十二五”时期，广西壮族自治区党委、政府以邓小平理论和“三个代表”重要思想为指导，以科学发展观为统领，以解决少数民族和民族地区经济社会发展中突出问题和特殊困难为切入点，以实现基本公共服务均等化为目标，在加快少数民族和民族地区的发展，保障少数民族合法权益，改善少数民族群众的物质文化生活条件，提高少数民族的整体素质，巩固和发展平等、团结、互助、和谐的社会主义民族关系，促进各民族共同团结奋斗、共同繁荣发展等各项少数民族事业方面取得了丰硕的成果。

（一）民族地区经济繁荣发展

自治区党委、政府认真贯彻落实对待少数民族和民族地区的倾斜政策，在政治、经济、文化、教育等方面保持各民族的平等及利益分配上的平衡。

“十二五”时期，自治区党委、政府在改善少数民族地区经济社会发展的基础条件方面取得了巨大进步。重点建设了一批对带动民族地区发展起重大作用的交通、水利、电力、通信、能源、生态环保等公共基础设施项目。大力推进民族地区社会主义新农村建设，优先安排与少数民族群众生产生活密切相关的农田水利、人畜饮水、电力、通信、乡村道路、广播电视、乡镇农贸市场、农村沼气、民房改造、生态环保等中小型公益性项目。按照“优先照顾”的原则，在少数民族聚居地区安排资源开发和深加工项目，发展优势产业和特色经济，扶持开发能源、矿产、农业、旅游、文化等地区优势资源，进一步把资源优势转化为产业优势，带动民族地区配套产业和社会服务业的发展，为少数民族群众提供更多的就业机会。支持、鼓励和发展非公有制经济，积极培育龙头企业，提高资源就地加工水平和产品增值能力。加快建立和完善资源开发和生态保护补偿机制，继续推进退耕还林等生态修复工程，加快治理石漠化，妥善解决少数民族群众的生存和发展环境问题。

（二）少数民族民生问题得到进一步解决

保障和改善民生是巩固发展民族团结进步事业、促进社会和谐的治本之策。自治区党委、政府坚持“民生为本、民生优先”的发展理念，

广西扶绥壮族新农村

在认真落实国家有关政策，做好就业、社会保障、教育、医疗、卫生等工作，推动基本公共服务均等化的同时，采取非常措施重点解决少数民族群众最关心、最直接、最现实的利益问题，保障少数民族群众充分享受改革开放的成果。

小资料

广西经济社会发展的“四突出、三个好”

2011 年 5 月 17—20 日，全国人大常委会副委员长司马义·铁力瓦尔地率全国人大常委会“促进民族地区经济社会发展”专题调研组到广西百色、防城港、南宁等地调研。在南宁召开的全国人大常委会专题调研座谈会上，司马义·铁力瓦尔地副委员长对近年来广西经济社会发展取得的巨大成就和自治区党委、政府在认真贯彻落实党的民族政策和《中华人民共和国民族区域自治法》，推动全自治区民族大团结，促进经济社会大发展等方面的努力和取得的成果给予了高度肯定。司马义·铁力瓦尔地说，广西经济社会发展呈现“四突出、三个好”的良好局面，即区位优势、生态优势、资源优势和政策优势突出，经济社会发展态势很好，民族团结、社会稳定和谐、各族人民同呼吸共命运心连心很好，各族干部群众精神状态很好。广西探索出了一条符合区情的科学发展路子，很多好经验、好做法值得学习、借鉴和推广。

一是实施兴边富民行动。围绕缩小地区发展差距这一中心，坚持深入持久地实施“爱国固边”战略，先后在边境地区的 8 个县（市、区）投入 37.9 亿元，开展三次大规模的边境地区基础设施建设大会战，重点解决边境村屯群众住房难、饮水难、用电难、上学难、就医难、收听收看广播电视难等问题，并对距边境线 0—3 千米的居民实行最低生活保障。同时，大力扶持发展甘蔗、烤烟、桑蚕、旅游等特色优势产业和口岸经济，增强边境地区的自我发展能力。到 2010 年，8 个边境县（市、区）生产总值比 2000 年翻了 5 番多，财政收入增长近 5 倍，240 多万名边民走上了脱贫致富之路。

广西蚕茧喜获丰收

二是实施“整村推进”扶贫开发。针对广西贫困地区大多为少数民族聚居区的实际，坚持把扶贫攻坚作为促进民族团结进步事业的重要抓手，结合社会主义新农村建设，大力实施以发展特色产业、改善生产生活条件、增强自我发展能力为重点的“整村推进”扶贫开发，重点抓好产业扶贫，帮助群众发展生产、增加收入、解决温饱，并配套采取教育扶贫、劳务输出扶贫、异地安置扶贫等多种措施，帮助少数民族群众脱贫致富。“十二五”期间，每个贫困村投入不低于300万元，其中中央财政专项扶贫资金补助100万元，通过整合各行业、部门投入，社会帮扶资金投入贫困村200万元以上。

每年中央下达广西的财政专项扶贫资金（发展资金）、以工代赈资金、少数民族发展资金、国有贫困农场扶贫资金、国有贫困林场扶贫资金、扶贫贷款贴息资金等和自治区安排的财政专项扶贫资金，重点向纳入“整村推进”范围的贫困村倾斜，中央新增的扶贫资金重点安排用于属云南、广西、贵州石漠化片区的贫困村。

扶贫搬迁、产业扶贫、雨露计划等到村到户的专项扶贫项目优先安排到实施“整村推进”工作做得比较好的贫困村。自治区有关部门及市、县安排农业综合开发、小流域综合治理、农田水利、退耕还林、农村卫生、广播电视村村通、职业技能培训、劳务输出等项目资金时有一定的比例倾斜到实施“整村推进”的贫困村。县级人民政府根据贫困村“整村推进”工作的目标、任务，统一协调本县各有关部门做好贫困村的项目计划安排及申报工作。

三是实施基础设施建设大会战。为解决集中连片贫困地区基础设施落后的状况，改善生产生活条件，自治区集中人力、物力、财力，先后在革命老区东兰、巴马、凤山三地，大石山区五县，桂西五县实施基础设施建设大会战，统筹开展大石山区人畜饮水工程建设大会战，建成一大批交通、水利、供电、人畜饮水、通信等项目，新建、改扩建四级公路和通自然村（屯）道路 3.37 万千米，解决了 1063.7 万农村人口的饮水安全问题。开展少数民族群众危房、茅草房和村寨改造。针对部分少数民族群众居住条件落后、安全隐患突出的问题，结合自治区城乡风貌改造，筹措资金 15 亿元对 10 万户农村危房、茅草房进行改造，投入 8 亿多元，实施连片 50 户以上的 1157 个少数民族村寨 13.4 万户 59 万人的木结构房屋防火改造，完成电改、灶改、水改、寨改工作，提高少数民族村寨自防自救能力。

桂林市恭城瑶族自治县横山瑶寨新姿

（三）民族关系和睦，各民族亲如一家

作为少数民族自治区，民族关系是广西重要的社会关系。自治区党委、政府在认真贯彻落实党的民族政策、保障各民族平等权利的基础上，慎重处理民族关系，妥善化解各种影响民族团结的矛盾纠纷，确保不发生因民族问题引发影响社会和谐稳定的重大事件，最大限度地化解民族关系中的不利因素，最大限度地激发民族关系中的积极因素，最大限度地凝聚各民族的人心民意，共同营造各民族和睦相处、和谐共荣的良好社会氛围。

一是切实保障各民族利益平等。对待少数民族和少数民族聚居区，坚持厚爱一层、多帮一把，认真贯彻落实对少数民族群众的倾斜政策，保障少数民族群众的利益。探索建立民族利益的平衡机制，通畅各族群众利益的诉求渠道，在政治、经济、文化、教育等方面的扶持上注意保持各民族的平等，使各族群众在利益分配上保持平衡。

二是妥善处理涉及民族问题的社会矛盾。深入开展社会矛盾纠纷大排查工作，找出农村“三大纠纷”（土地、山林、水利权属纠纷）、库区移民补偿安置、征地拆迁、环境污染、资源开发、重点工程建设、拖欠农民工工资等各种可能影响民族关系的热点问题，把握、注意各种矛盾纠纷和安全隐患的趋势及苗头。坚持具体问题具体分析，严格区分不同性质的矛盾，防止把一般社会矛盾混同于民族矛盾，防止把少数民族群众个体之间的利益纠纷混同于民族利益纠纷。坚持是什么问题就按什么问题处理，不同矛盾纠纷采取不同方法解决，对于涉及民族关系的人民内部矛盾，采取教育、疏导、沟通、化解的办法解决。建立健全应急处置机制，制定预防和化解涉及民族问题的突发事件预案，努力把矛盾和纠纷化解在基层，消除在萌芽状态。

三是积极倡导各民族互学、互尊、互信。自治区党委、政府积极倡导、鼓励各民族群众互相学习其他民族的优秀传统文化，互相尊重其他民族的生活习俗和宗教信仰，互相信赖其他民族的关怀和帮助，进一步增强少数民族群众的自信心和自豪感。避免对各民族历史文化、风俗习惯、宗教信仰和生活方式进行简单化的对比评价，妥善处理因对不同民族传统和特性缺乏应有的了解而导致的各种误解和矛盾。

（四）民族团结进步创建活动卓有成效

开展民族团结进步创建活动，是推动民族团结进步事业的重要举措。为此，自治区党委、政府紧密结合广西实际，突出重点，创新形式，切实抓好民族团结进步创建活动，把各方面力量凝聚到推动民族团结进步事业中来。

一是广泛深入地开展民族团结进步教育。广泛宣传党的民族理论、政策、法规、知识，推动民族团结教育进学校、进企业、进农村、进社区；把民族团结教育贯穿于精神文明建设和公民道德建设全过程，引导各族干部群众把自觉维护民族团结作为基本道德规范；坚持开展自治县、民族乡逢十周年庆典活动和民族团结进步表彰活动，大力宣传党和政府及全社会共同推动民族地区发展的成就和经验，大力表彰民族团结先进典型，用群众身边的人和事教育群众，带动各族群众积极参与民族团结进步事业。

二是培养和造就民族团结进步事业的骨干力量。坚持人是事业之本的科学理念，着力建设政治素质强、政策水平高、民族专业知识丰富、作风务实的民族工作专业队伍，支持民族工作的知名人士队伍，支撑民族工作决策的顾问队伍。对有文化、有工作经验但未达到一定学历的少数民族干部，分期分批选送到党校和大中专院校进行学历培训；对有一定学历但缺乏工作经验的少数民族干部，实行上岗前专业培训；有组织、有计划地选派少数民族干部到基层单位、发达地区、上级机关挂职锻炼；把少数民族人才开发纳入自治区人才工作总体规划，制订实施少数民族人才开发专项规划，大力培养少数民族地区急需人才。

三是建立健全民族团结进步创建活动的长效机制。建立和完善民族工作领导体制和工作机制，坚持把民族工作纳入经济社会发展总体规划，纳入各级党委、政府的重要议事日程，定期研究解决有关重大问题，形成党委统一领导、各部门紧密配合、全社会共同参与的工作格局。建立健全民族工作机构网络，确保各级党委、政府都有专门负责民族工作的部门。完善民族工作责任制，明确做好民族工作是各级党政领导干部的一项重大政治责任，做到责任落实、任务到人。建立完善民族工作督查考评和奖励机制，落实保障经费，确保常抓不懈。

二、广西城镇民族事业发展

规划是龙头，是方向盘、指南针。“五年规划”是我国国民经济中期战略的总体性安排，主要是对全国重大建设项目、生产力分布和国民经济重要比例关系等做出规划，为国民经济发展远景规定目标和方向。“十二五”期间，中国社会经济发生的“质变”已经全面显现：蝉联世界第一制造大国之位，稳居世界第二大经济体，跻身“10万亿美元俱乐部”，增速领先全球主要经济体……借用媒体的表述：五年，弹指一挥，却足以改变一个国家的面貌——3828万套保障房拔地而起，1.8万千米高速铁路驰骋中国大地，54.77%的城镇化率更折射了中国社会结构的深刻变革。五年，白驹过隙，却足以涵养一个国家的精神——面对国际金融危机肆虐、国内经济结构调整难度加大的严峻形势，中国在“四个全面”的战略布局下务实笃行，收获信心。

2015年10月，十八届五中全会在万众瞩目中召开，讨论“十三五”规划，谋划中国未来五年的发展之路。这是一次为全面建成小康社会谋篇布局、为迈向第一个百年目标凝心聚力的重要会议。对于“十三五”规划而言，这绝非只是一个普通的“五年规划”，而是一个具有历史深远影响的“五年规划”，不仅决定着中华民族伟大复兴大业的国家命运，而且关乎每一个中国人具体而微的梦想和福祉。因为“十三五”时期是我国全面建成小康社会最后冲刺的五年，是全面深化改革取得决定性成果的五年，是全面推进依法治国的重要五年。也就是说，“十三五”是“全面建成小康社会”的“最后一战”，是勇攀“第一个百年目标”的“最后冲刺”。

正像习近平总书记所说的，“中国已经进入全面建成小康社会的决定性阶段。实现这个目标是实现中华民族伟大复兴中国梦的关键一步”。在全面建成小康社会“第一个百年目标”的冲刺时刻，改革如何再发力，百姓如何更幸福，获得感怎样被强化，十八届五中全会做出的战略擘画和顶层设计，“十三五”规划提出的发展方向、发展目标，都将“以人民为中心”作为发展思想，以“增进人民福祉、促进人的全面发展”作为出发点和落脚点，把“中国号”巨轮带入一片全新的水域，走好复兴之路上的“关键一程”。

“东风洒雨露，会入天地春。”对于广西来说，“十二五”时期，是科学发展、和谐发展、跨越发展，加快“富民强桂”进程的关键时期，也是深化改革开放、加快转变经济发展方式的攻坚时期，其发展变化是有目共睹、有口皆碑的。“十三五”时期，广西为实现“富民强桂”宏伟蓝图,将砥砺奋进,按照十八届五中全会指引的方向,协调推进“四个全面”战略布局，走出一条质量更高、效益更好、结构更优、优势充分释放的发展新路,给广西人民带来更多的获得感、满足感、幸福感。

2005年中央民族工作会议以来，按照党中央、国务院的部署要求，国家民委牵头编制和实施了扶持人口较少民族发展、兴边富民行动规划、少数民族事业“十一五”规划和“十二五”规划。这三个规划的编制和实施，从实际出发，比较具体，具有操作性，规划内容、资金落实、督查工作都很实，规划的路子对、措施实，解决了发展中的很多难题，老百姓非常拥护。由此可见，少数民族事业“十一五”规划和“十二五”规划抓住了民族地区的关键点，所以对推动民族地区经济社会发展起到了重要的作用，已经成为新形势下民族工作的重要载体，成为促进少数民族和民族地区加快发展的有效手段，成为民族地区团结稳定和长治久安的坚实保障。党的十八大以来，习近平总书记提出实现中华民族伟大复兴的中国梦和“两个一百年奋斗目标”，开创了党和国家事业发展新局面。党的十八届三中全会开启了全面深化改革的新征程。我国民族地区的发展和民族工作也进入了一个新的阶段，面临的机遇前所未有，面临的挑战也前所未有。一是十八大以来新一届中央领导集体对国家和民族的长远战略谋划，使民族工作迎来了难得的历史机遇；二是民族地区正处于全面建成小康社会的关键时期；三是民族工作呈现一些新的阶段性特点；四是维护社会稳定的形势依然复杂；五是民族事务治理体系和治理能力现代化步伐加快，民族工作制度化、科学化、规范化、程序化的程度不断加深。

“一带一路”倡议的实施，给边境地区带来了实实在在的重大机遇。一是把边境地区从对外开放的大后方、边陲、末梢，推向了最前沿、重要地带和关键通道。广西东兴和凭祥等国家重点开发开放试验区将迎来新一轮发展机遇期。二是带来了深度参与区域合作的新机遇。三是基础设施互联互通建设，必将有利于解决边境地区交通不畅的难题，促使相关经济往来成本大幅降低，也必将有力带动边境地区新兴产业发展，引导经济结构加快调整。在今后相当长的时期内，我们将会把兴边富民行动的重点，放在解决边境地区"最后一公里"上，使"大通道"与"毛细血管"的联系更加畅通；放在大力培育特色优势产业上，进一步拓宽边境各族群众增收致富渠道；放在提升沿边开放水平上，推动边境地区积极参与区域、次区域合作，在互通有无中加快经济发展和结构调整，让当地群众分享更多发展成果。展望未来，相信在党和政府的亲切关怀下，在全区人民的大力支持下，在边境各族人民的共同奋斗下，边境地区必将同全国一道如期全面建成小康社会。

（一）当前广西城镇民族事业发展面临的困难

当前，少数民族聚居区发展面临六大问题和困难：1. 与城市发展差距仍然明显存在，并呈继续拉大趋势。基础设施建设落后，扶贫开发任务仍然艰巨。民族地区在水、电、路、沼气等基础设施上的建设落后于发达地区。部分民族地区山村居住环境较差、生活水平较低，与实现小康的目标还有较大距离。民族地区师资力量匮乏、医疗卫生条件落后、卫生技术人员不足，"普及九年义务制教育"实施进程较慢。2. 民族地区水土流失、荒漠化等问题严峻，自然灾害频繁发生，生存环境不理想。3. 人才短缺问题依然严峻。近年来，民族地区人才流动性大，人才流失问题日益严重，人才引进难、留住人才难的问题突出，在很大程度上阻碍了社会经济的有序发展，尤其是偏远地区与基层单位严重缺乏教育、卫生、农业等方面的专业人才。4. 产业结构单一，群众增收难度较大。5. 群众整体文化水平有待提高，农业生产科技含量低。6. 建设资金投入不足。少数民族群众无法投入更多的资金，自治区级财政投入少数民族地区发展所需的经费有限，同时受资源、交通、能源等因素的制约，难以吸引外地资金，少数民族地区经济生产受到了严重制约。

目前，广西城镇民族事业发展还面临着许多困难。但是，我们坚信经过“十二五”时期的积累，有党和国家对少数民族事业的政策支持，民族工作政策明确，各级人民政府高度重视发展民族事业，有一批无私奉献的民族事业工作者，还有各族人民的团结协作，广西少数民族事业会更进一步发展。

（二）广西少数民族事业发展

经过“十二五”时期的持续平稳快速发展，广西民族地区的发展已经站上了一个新的发展平台。随着国家整体经济实力的增强，各民族人民的团结协作，广西少数民族事业发展将会更上一层楼。

1984 年发布了《中华人民共和国民族区域自治法》，从法律层面上对民族自治地方各级政府在管理与发展本民族教育、语言、科技和保护本民族文化等方面进行了保障，明确了少数民族在本民族文化发展上的主体地位。2011 年 2 月 28 日，第九届全国人民代表大会常务委员会第二十次会议通过《全国人民代表大会常务委员会关于修改〈中华人民共和国民族区域自治法〉的决定》。不断巩固和完善民族区域自治法并发挥民族区域自治法的优越性对我国少数民族和民族地区的政治、经济、社会等各项事业的发展起到了巨大的推动作用。2005 年，党中央、国务院召开了中央民族工作会议，印发了《中共中央、国务院关于进一步加强民族工作加快少数民族和民族地区经济社会发展的决定》。2015 年全国民族团结工作会议指出要“正确认识我国民族关系的主流，多看民族团结的光明面”。

小资料

2011年国务院颁发《兴边富民行动规划（2011—2015年）》

《兴边富民行动规划（2011—2015年）》是为数不多的既由国务院审批，同时又由国务院办公厅印发公布的“十二五”国家专项规划，充分表明了中央对兴边富民行动的高度重视。2011年11月20日，贯彻落实《兴边富民行动规划（2011—2015年）》座谈会在南宁召开，国家民族事务委员会副主任罗黎明在座谈会上表示，与“十一五”规划相比，新规划具有四个主要特点：

一是牵头部门增多——国家发展和改革委员会成为兴边富民行动3个牵头部门之一。

二是机制更完善——建立由国务院30个部委组成的兴边富民行动部际协调机制。

三是扶持范围扩大——海南6个民族自治县纳入了兴边富民行动政策的扶持范围。

四是扶持力度更大——除原有的中央财政兴边富民补助资金外，还设立了兴边富民中央预算内投资。政策扶持力度也加大了，如陆地边境地区享有西部开发政策，并提出了加大对边境地区的资金投入、加大民生保障力度、实行积极的产业扶持政策等7个方面的政策措施。

党中央、国务院历来高度重视广西的发展。近年来，中央领导同志多次到广西考察指导工作并做了重要指示。2006年8月，总书记胡锦涛在听取广西工作汇报时指出，要把广西的潜力发挥出来，广西沿海发展应形成新的一极。2008年10月4日，国务院总理温家宝考察广西时做了重要指示，指出中央已经并将进一步加大对广西发展的支持力度，同时明确要求由国家发展和改革委员会、国务院研究室牵头，组织有关部委研究制定一个加快广西经济社会发展的指导性意见（以下简称《意见》），更好地支持广西改革发展。为贯彻落实温家宝同志的重要指示精神，2008年12月初，国家发展和改革委员会及国务院研究室着手开展起草《意见》的前期工作。2009年2月6—14日，国家发展和改革委员会副主任杜鹰同志带领由41个国家部委和单位的183人组成的联合调研组赴广西调研。调研组分为14个专题小组，分赴14个市57个县（自治县、市、区）390个调研点，开展深入细致的调查研究，完成了11份专题报告。在此基础上，正式启动《意见》的起草工作，经过反复研究修改，形成征求意见稿，并印送国务院40个相关部门和单位征求意见。2009年8月31日，《意见（送审稿）》正式呈报国务院审议。10月28日，国务院召开第八十五次常务会议，审议并原则通过《意见》。根据国务院常务会议审议意见，起草组再次修改完善《意见》，12月7日国务院正式行文发布了《国务院关于进一步促进广西经济社会发展的若干意见》。

小资料

国家出台首个全面支持广西发展的政策性文件

2010年2月1日，国务院召开了《国务院关于进一步促进广西经济社会发展的若干意见》（以下简称《若干意见》）新闻发布会。广西壮族自治区党委常委、自治区常务副主席李金早在发布会上指出，《若干意见》是国家为促进广西发展而制定的第一个政策性文件，在全面推进广西经济发展上具有重要的作用，成为指导广西未来一个时期发展的行动纲领。他同时还对广西经济社会发展与实施《若干意见》的相关情况进行了论述，并指出，《若干意见》是党中央、国务院对广西发展重视的集中表现，国家部委给予了广西大力的支持，广西各族人民对此寄予了高度期望。李金早强调，广西正值发展的重要阶段，《若干意见》是国务院在贯彻落实西部大开发战略、从整体上统筹协调而批准实施的，在中外经济环境不断变化发展的情况下，对推动广西经济社会发展，加快各民族经济发展进程具有重要意义，这是党中央、国务院深切关怀广西发展、重视西部大开发的具体体现，广西各族人民对此表示极大的感谢。

自治区及各级人民政府高度重视发展民族事业。广西居住有多个民族，主要包括壮、汉、瑶、苗、侗、仫佬、毛南、回、京、彝、水、仡佬这12个世居民族，以及其他的少数民族。地理位置特殊、少数民族成分较多的区情，使得加强民族团结在广西显得尤为重要，民族地区的发展稳定关系全自治区工作大局，关系民族团结、社会稳定和祖国边疆巩固。广西壮族自治区第十次党代会提出了“翻两番、跨两步、三提高”的奋斗目标，部署了建设西部经济强区、民族文化强区、社会和谐稳定模范区、生态文明示范区、民族团结进步模范区的“五区”战略任务。这些目标任务，分别从社会经济发展、文化事业建设、生态环境建设等方面，把“富民”和“强桂”联系在一起。这是遵行与落实党的政策的具体表现，也为广西未来发展指引了道路，必将推动广西民族事业蓬勃发展。

南宁市人民政府常务会议审议并原则通过《南宁市少数民族事业发展“十二五”规划》

2011 年 11 月 23 日上午，南宁市人民政府召开第十三届人民政府第四次常务会议，审议并原则通过《南宁市少数民族事业发展“十二五”规划》（以下简称《规划》）。会议要求，按照自治区第十次党代会提出的建设民族团结进步模范区的要求，对《规划（送审稿）》进一步修改完善后印发实施。

南宁市是一个以壮族为主的多民族聚居首府城市，是全国少数民族人口最多的省会（首府）城市，全市常住人口中，少数民族人口占 53.09%。为适应建设区域性国际城市和广西“首善之区”的发展需要，促进首府南宁少数民族和民族地区经济社会协调发展，2009 年底，南宁市着手制定少数民族事业发展“十二五”专项规划，这是南宁市首次将少数民族事业发展规划纳入全市规划体系。

《规划》强调，“十二五”期间，南宁市将通过大力改善民族地区经济发展基础条件，着力解决少数民族群众的特殊困难和特殊需要问题，努力提高少数民族教育科技水平，大力发展少数民族文化事业，稳步提升少数民族社会福利水平，加强少数民族人才和干部队伍建设，巩固和发展平等、团结、互助、和谐的社会主义民族关系来实现民族地区经济发展迈上新台阶，民族地区基础设施和生态文明建设取得新成效，民族地区开放合作形成新局面，民族文化彰显新魅力，民族地区社会事业取得新进步，和谐民族关系取得新发展。

广西城镇民族事业蓬勃发展，主要体现在以下四个方面。

1. 各民族更加团结奋进。

广西在推进民族团结进步事业中，工作积极主动，成效明显，得到中央的充分肯定。在日常工作中，大力度、全方位宣传，在凝聚共识中促进民族团结教育；积极办好事、办实事，在改善民生中促进民族团结教育；加强干部队伍建设，在强基固本中促进民族团结教育，使民族团结进步事业与学习实践活动互促共进。

小资料

广西壮族自治区第十一次党代会决定
持续推进民族团结进步模范区建设

2016 年 11 月 21—24 日，中国共产党广西壮族自治区第十一次代表大会召开。自治区党委书记彭清华在代表中国共产党广西壮族自治区第十届委员会向大会所作的工作报告中指出：民族团结是全自治区各族人民的生命线；未来 5 年要坚持和完善民族区域自治制度，巩固发展民族团结进步事业；必须把维护民族团结作为重大政治责任来坚守，持续建设民族团结进步模范区。

报告提出，为持续建设民族团结进步模范区，在接下来的 5 年里，重点要推进以下工作：一是构筑各民族共有的精神家园。坚持和发展平等、团结、互助、和谐的社会主义新型民族关系，深入开展“和谐壮乡 · 团结进步”宣传教育和形式多样的民族团结进步创建活动，进一步增强各族群众对伟大祖国、中华民族、中华文化、中国共产党、中国特色社会主义的认同，使“三个离不开”的理念更加深入人心，让各民族手足相亲、守望相助。加强青少年民族团结教育，培养民族团结进步事业接班人。二是切实落实党的民族政策。深入贯彻民族区域自治法，完善配套法规，依法保障各族群众享有平等的教育、劳动、宗教信仰等权利，让少数民族群众更好地感受祖国大家庭的温暖。加大政策扶持力度，进一步夯实少数民族聚居区发展基础，推动经济社会跨越式发展，提高各族群众的生活水平。大力培养、选拔、使用优秀少数民族干部，注重培养少数民族专家学者和专业技术人才，壮大贯彻党的民族政策、做好民族工作的骨干力量。

2. 民族地区人民生活水平进一步提高。

加强民族地区基础设施建设，加快经济发展，逐步提高各族人民群众的生活水平，是各民族加强团结的坚实物质基础。改革开放以来，自治区党委、政府采取一系列措施加快民族地区的经济发展。如在民族地区进行新兴和强优产业规划，建设许多大型的骨干企业，增强民族地区的经济实力。同时，投入大量资金加强民族地区的基础设施建设，为发展民族地区的经济和改善民族地区群众生活创造良好的条件。同时，自治区党委、政府还采取一系列政策和措施，帮助民族地区发展经济，取得十分明显的成效，为各民族加强团结夯实了物质基础。

国务院办公厅印发《兴边富民行动规划（2011—2015 年）》后，为全面落实兴边富民行动的战略部署，广西通过召开兴边富民行动专题工作会议，组织自治区有关部门和专家学者研究制定《广西落实〈兴边富民行动“十二五”规划（2011—2015 年）〉实施意见》，召开自治区兴边富民行动现场经验交流会等方式，部署推进广西新一轮兴边富民行动，抓紧贯彻落实规划的各项工作，掀起新一轮兴边富民行动大会战。广西决定从 2011 年起，利用 5 年时间，在 8 个边境县（市、区）开展新一轮兴边富民大会战，全面解决边境地区的主要困难和问题。本次兴边富民行动大会战，以全面推进边境 0—20 千米地区的大建设、大发展、大改善、大团结、大稳定为基本目标和主要特色，主要任务包括加强边境基础设施建设、加大民生保障力度、发展特色优势产业、实施工业强县建设、大力发展文化教育、加强医疗卫生救助、强化人才队伍建设、扩大沿边开发开放、实施绿色生态工程、推进民族团结进步等。

3. 各民族文化更加繁荣。

为加强各民族文化建设，促进各民族文化更加繁荣发展，把广西建设成民族文化强区，2012 年 2 月 8 日，广西壮族自治区人民政府发布《广西壮族自治区建设民族文化强区实施纲要》（以下简称《纲要》）。《纲要》提出：2012—2020 年，要努力把广西建设成具有时代特征、壮乡风格、和谐兼容的民族文化强区，成为在全国有较大影响力的区域文化中心、中国与东盟文化交流枢纽、中国文化走向东盟的主力省（区）。为保障这一建设目标的实现，《纲要》提出了“八大文化建设工程”，即社会主义核心价值体系建设工程、文化精品工程、公共文化服务体系建设工程、文化产业倍增工程、文化遗产保护利用工程、文化改革创新工程、文化传播交流工程、文化人才工程。

《纲要》还明确了各项保障政策。除加强组织领导外，还将在财政、税收、金融、用地等方面加大对文化事业的扶持力度。如：对转企改制国有文化单位扶持政策执行期限再延长 5 年；对文化创意生产、非物质文化遗产项目经营实行税收优惠；自治区级文化产业园区比照高新技术开发区给予政策扶持；对新创办的文化企业，在登记注册后 3 年内按规定缴纳的企业所得税地方留成部分，由财政部门返还给企业等。

在《纲要》执行期间，自治区财政的文化事业经费支出将占到财政总支出的1%；成立广西文化产业投资集团，设立广西文化发展基金、广西公共文化建设专项资金、民族民间传统文化传承基金等；同时还设立“广西文化发展贡献奖”，每三年评选10个左右对广西文化发展做出重大贡献的个人及重大文化成果。

此外，还将加快文化立法，加强机构建设，为建设民族文化强区提供法制和体制保障。

小资料

广西扎实推进少数民族文化事业加快发展

2012年，广西以建设民族文化强区为契机，采取多项有力措施，扎实推进少数民族文化事业加快发展。

一是加大自治区级文化生态保护区建设力度。推进铜鼓文化（河池）生态保护区申报国家级文化生态保护区工作，启动壮族文化（百色）生态保护区申报国家级文化生态保护区工作，推动瑶族文化（金秀）、侗族文化（三江）生态保护区建设。

二是推进人口较少民族生态保护区建设。建设京族、仫佬族、毛南族等人口较少民族生态保护区。

三是构建中越边境非物质文化遗产保护惠民富民示范带。示范带以广西中越沿边公路为纽带，以国家级非物质文化遗产名录为核心，以自治区级非物质文化遗产名录为重点，以市、县级非物质文化遗产名录为基础，以基地建设为抓手，以村级公共文化服务中心建设为载体，把东兴、防城港、宁明、龙州、凭祥、大新、靖西、那坡连成一线。

四是开展第七个“文化遗产日”活动。举行大型民俗展演《龙吟鼓韵》、民族女红技艺展示——外婆的背带、“革干哪嗬嗨”——彩调唱腔设计演唱比赛、薪火文脉——拜师大会等系列活动。

五是开展“中国民间文化艺术之乡”自治区级命名工作。评出自治区级的中国民间文化艺术之乡，并从中选优，参加国家级的评选命名。

田阳敢壮山布洛陀文化遗址

中国景观村落——三江程阳八寨

4. 民族教育事业蓬勃发展。

广西认真落实民族教育有关法律法规和政策规定，以办少数民族群众满意的民族教育为宗旨，以提升教学质量、打造品牌学校、培养高素质的少数民族各类人才为目标，努力改善办学条件，积极实施教育现代化工程，更新教学手段，全面提高民族中小学校整体的办学水平。进一步加强壮汉双语师资的培养和培训，加强民族幼儿教师的配备，努力提高壮汉双语幼儿园的办园水平和教育质量。巩固提高民族贫困地区基本实施九年义务教育和基本扫除青壮年文盲的“两基”成果，进一步加强民族预科教育的管理和指导，加强“少数民族地区骨干人才培养计划项目”的宣传工作，为民族地区培养更多的合格人才。

为促进广西民族教育改革与发展，推动民族教育事业发展，2011年12月16日，自治区教育厅批准广西民族大学建立广西民族教育研究中心。广西民族教育研究中心的建立是为了充分发挥该校优势和特色，推动广西民族教育科学研究、人才培养、学术交流、咨询服务、信息平台建设，促进广西民族教育改革与发展。该研究中心以广西民族大学教育科学学院为依托，由自治区教育厅与广西民族大学共同建设，其主要职能是：组织开展广西民族地区基础教育、边境教育、民族双语教育、民族团结教育、民族预科教育等民族教育的理论研究，协助自治区教育厅开展广西民族教育调查研究、民族教育改革试验、教学交流、教学评估等教学活动，承接教育部和自治区教育厅委托的研究任务。

小资料

广西民族高中隆重举行10周年庆典

2011年11月27日，广西民族高中隆重庆祝建校10周年。自治区人民政府副主席高雄、国家民族事务委员会教育科技司等分别发来贺信，自治区政协副主席苏道俨出席庆典大会并讲话。

广西民族高中是一所面向广西招生的民族寄宿制公办普通高中，肩负着发展民族教育的重任，是自治区少数民族教育重要的办学基地。

会上，苏道俨副主席说，广西民族高中建校10年来，认真贯彻落实党的教育方针和民族政策，坚持社会主义办学方向，大力扶助少数民族地区学子尤其是家庭困难的学子完成学业，走出了一条独具民族特色的办学之路，取得了突出的办学成绩，赢得了社会的广泛赞誉，对促进广西少数民族和民族地区经济社会各项事业发展和民族团结进步做出了积极的贡献。他强调，这些成绩的取得，是学校全体师生员工共同努力和社会各界努力支持的结果，也是自治区党委、政府认真贯彻落实党的民族政策，推动教育事业优先发展、科学发展的具体体现。

会上，自治区民族事务委员会主任卢献匾说，近年来，广西民族高中办学综合实力明显增强，社会地位明显提升，办学特点明显呈现，已经成为广西民族教育园地里的一朵奇葩。学校的建立和发展始终沐浴着党的阳光雨露，始终是广西贯彻落实民族政策和民族区域自治制度的一个具体、生动的体现。

参考文献

［1］覃乃昌．广西世居民族［M］．南宁：广西民族出版社，2004.

［2］覃乃昌．中国民族·华东华南西南卷［M］．南宁：广西民族出版社，2006.

［3］广西壮族自治区国民经济和社会发展第十二个五年规划纲要［EB/OL］．（2011-05-24）［2012-04-12］.http：//www.gxzf.gov.cn/html/31079/20110524-323633.shtml.

［4］郭声琨．巩固发展民族团结进步事业　创建社会和谐稳定模范区［J］．求是，2011（6）：12-14.

［5］邱翊．尊重民族风俗　构建和谐社会［J］．青海民族学院学报（社会科学版），2007（9）：10-11.

［6］蒋连华．关于我国少数民族散居城市多民族社区建设的思考［J］．上海市社会主义学院学报，2007（5）：51-54.

［7］陶斯文，喇明清．城市化进程中社区民族工作的特点及对策：以城市社区治理为视角［J］．西南民族大学学报（人文社会科学版），2005，26（2）：26-29.

［8］侯峰．社区基层党组织是建设和谐社会的重要保证［J］．理论界，2010（4）：222-224.

［9］孙俊君．试论城市多民族社区的党组织建设［J］．吉林省经济管理干部学院学报，2011，25（3）：88-91.

［10］佚名．南宁：民族团结进步社会和谐发展［N］．广西日报，2011-11-19（3）.

［11］梁茂春．南宁市区汉壮民族的居住格局［J］．广西民族学院学报（哲学社会科学版），2001，23（5）：9-15.

［12］丹珠昂奔．民族工作方法论：中央民族工作会议精神体会［M］．北京：民族出版社，2016.

［13］中共中央宣传部．习近平总书记系列重要讲话读本［M］．北京：学习出版社，2016.

［14］周竞红．内蒙古民族团结进步理论与实践［M］．北京：社会科学文献出版社，2017.

后　记

中国共产党一贯重视民族关系和民族团结问题。为全面贯彻落实党中央的民族政策，弘扬广西各民族的优秀文化，展现广西团结和谐的民族关系，促进各族群众相互尊重、相互关心、相互帮助、共同进步，把广西建成具有时代特征、壮乡风格、和谐兼容的民族文化强区，广西民族出版社原社长朱俊杰编审、覃琼送编审组织策划了《心连心　一家亲——广西民族团结知识读本》丛书，分为农民版、社区居民版、青少年版、干部版。

2018 年，丛书得到国家出版基金管理规划办公室出版基金的资助。

广西民族大学瑶学研究中心原主任玉时阶教授担任丛书主编，做了大量艰苦细致的工作；广西壮族自治区民族宗教事务委员会原副主任周健对丛书进行了严格细致的审读，在此一并致以谢意！

丛书在编撰的过程中，得到了广西各地摄影家及摄影爱好者的帮助，如王梦祥、梁汉昌、黄杰斌、陈镜宇等人热情赐稿，可惜限于篇幅，未能一一列出，在此一并感谢他们的慷慨支持。

这套丛书是我们的新尝试，如有不足，或有因编辑水平所限而导致的错误，恳请广大读者指正。

《心连心　一家亲——广西民族团结知识读本》丛书项目组

2019 年 3 月

图书在版编目（CIP）数据

心连心　一家亲：广西民族团结知识读本．社区居民版 / 玉时阶主编；杨军，黄艳编著．—南宁：广西民族出版社，2019.3
ISBN 978-7-5363-7264-1

Ⅰ．①心…　Ⅱ．①玉…②杨…③黄…　Ⅲ．①民族团结—广西—通俗读物　Ⅳ．①D633-49

中国版本图书馆CIP数据核字（2019）第002903号

国家出版基金资助项目

心连心　一家亲

——广西民族团结知识读本（社区居民版）

主　　编：玉时阶
编　　著：杨　军　黄　艳
策　　划：朱俊杰　覃琼送
项目组稿：覃琼送　赵学祥　邓钰娟
责任编辑：覃琼送　赵学祥
助理编辑：邓钰娟
美术编辑：朱俊杰
审　　读：隆海人
责任校对：黄一清
装帧设计：陈　凌
责任印制：刘文峰
出版发行：广西民族出版社
　　　　　地址：广西南宁市青秀区桂春路3号　邮编：530028
　　　　　电话：0771-5523216　传真：0771-5523225
制版印刷：广西民族印刷包装集团有限公司
规　　格：787毫米×1092毫米　1/16
图　　片：97幅
印　　张：14
字　　数：210千字
版　　次：2019年3月第1版
印　　次：2019年8月第1次印刷
书　　号：ISBN 978-7-5363-7264-1
定　　价：39.00元